读画鉴瓷录

瓷

2

陈少湘 著

羊城晚报出版社

· 广州 ·

图书在版编目（CIP）数据

读画鉴瓷录 . 2 / 陈少湘著 . — 广州 ： 羊城晚报出
版社， 2019.8
ISBN 978-7-5543-0727-4

Ⅰ . ①读… Ⅱ . ①陈… Ⅲ . ①汉字－法书－收藏－中
国－近现代②中国画－收藏－中国－近现代③瓷器－收藏
－中国－清代 Ⅳ . ① G262

中国版本图书馆 CIP 数据核字（2019）第 145018 号

读画鉴瓷录 2
Duhua Jianci Lu 2

策划编辑	吴　江
责任编辑	廖文静
责任技编	张广生
装帧设计	江广绵
责任校对	梁醒吾　潘子扬
出版发行	羊城晚报出版社
	（广州市天河区黄埔大道中 309 号羊城创意产业园 3-13B　邮编：510665）
	发行部电话：（020）87133824
出 版 人	吴　江
经　　销	广东新华发行集团股份有限公司
印　　刷	广州市岭美文化科技有限公司
规　　格	787毫米×1092毫米　1/16　印张13.5　字数240 千
版　　次	2019年8月第1版　2019年8月第1次印刷
书　　号	ISBN 978-7-5543-0727-4
定　　价	128.00 元

作者简介

陈少湘，1957 年出生于湘西。别署曜湘居主人。早年就读于解放军体育学院体育专业，中山大学哲学专业，中国政法大学研究生院法学专业。

少湘先生曾任职于广东省收藏家协会、中国典当拍卖教育中心、南方国际友好联络会、香港收藏文化中心，并数届连膺广东省政府参事。

政务之余，少湘先生热衷于收藏名家书画、青花瓷器并研修鉴定考辨之学。通过得失互鉴的频繁实践，其对书画、瓷器鉴赏有一定专业眼光和独到的见解。

已出版的主要著作有：

《中国拍卖手册》（与李沙合著，学苑出版社）；

《陈少湘拍卖艺术》（广东音像出版社）；

《拍卖师》（与李沙合著，学苑出版社）；

《曜湘居藏画》（四川美术出版社）；

《中国当代名家翰墨》（香港大世界出版社）；

《国有土地使用权拍卖问答》（广东人民出版社）；

《国有土地使用权招标拍卖挂牌知识读本》(广东人民出版社)；

《中国同盟会会员墨迹》（中国评论学术出版社）；

《已故名家楹联书法》（中华收藏出版社）；

《近现代名家书画扇面》（中华收藏出版社）；

《当代书画名家作品丛书》（中华收藏出版社）；

《中国青花瓷器图鉴》（中华收藏出版社）；

《于右任书法选》（羊城晚报出版社）；

《读画鉴瓷录 1 》（羊城晚报出版社）。

序 言

黎展华

  当你翻开这本书，并进行阅读的时候，你注定会体会到在你曾经所有阅读过程中未曾有过的体验与感受。因为普通人的一生可能平淡无奇，甚至味同嚼蜡，而有一些人却如冰火两重天，丰富而多彩。本书的著作者陈少湘，有着不同凡响的人生履历，注定令人刮目相看。

  序言中，有必要简单摘取陈少湘几个人生的亮点，以"窥一斑而见全豹"、"一片黄叶已知秋"，去还原他不寻常的人生轨迹：

  军旅运动员，曾出战全国性体育比赛屡获金、银、铜牌的运动健将；槌声响遍神州大地的 001 号土地使用权拍卖师；全国最年轻的省人民政府参事；中国民间收藏事业推动者和领军人物；名闻遐迩的社会公益慈善家；各条战线的十数枚军功章及荣誉称号奖章获得者……

  我认为：人的一生有很多值得记忆的经历积聚在脑海，由青春年少到霜染双鬓，尤其 60 岁以后会出现怀旧的情绪，释放是最好的方式，而最有效的释放方式莫过于——著书立说。为此他曾经出版了不少关于拍卖、收藏、评论、传记等的书，如今欲把《读画鉴瓷录》系列作为总结其收藏人生分量最重的一系列书来看待。几十年来他忙碌于军旅生涯、政务社交、祖国统一工作、协会管理等，唯一的业余爱好就是收藏书画和青花瓷器。他把藏品视乎他的生命。一幅字画一件瓷器一个故事，涵盖了他所有的生命片段和历程。是时候清点作品、编纂分类、总结人生了，真有点"人过留名，雁过留声"，"前不见古人，后不见来者，念天地之悠悠，独怆然而涕下"的感觉，不胜唏嘘。无论多少藏品过手，都只能是一个匆匆的过客，如保管员一样终究要交付后人与历史。独乐乐不如众乐乐，是一件痛苦又幸福而又无奈的事情，但一个大收藏家把藏品与大家分享应当视为人生最高的境界！

当著书者嘱托我写序言的时候，我既兴奋又乐意，因为与作者交往了几十年，共事了几十年，自认为了解此君最深的不是唯一，亦莫过于我了，虽言简意赅，但责无旁贷。一经动笔却愣住了，作者显赫的人生以及丰富的藏品，如何开篇，如何切入，如何评论，如何定义？一度陷入了迷茫，诚惶诚恐，怕挂一漏万，怕有失方寸，怕对不起这位收藏大家。在犹豫不决时，灵感浮现，"解铃还须系铃人"，如何做人如何收藏，如何读画如何品瓷，维系着他一生的心血，维系着他的智慧与学识，每件心怡藏品都来之不易，星移斗转，云飘月流，白天黑夜，从纷繁的社会活动和忙碌的工作单位回到自己的收藏空间，平静中独对书画和瓷器，万籁俱寂，浮想联翩，思接千载。此时此刻的他把藏品玩赏于掌中，把名画张轴于素壁，把御瓷轻放于案几，细细地品赏，面对面地对话与眼神交流，这时候的藏品——"如妻如妾，如兄如弟，如肌如肤，如肝如胆，如性如命"。亦只有这一瞬间，才能真正回归到自己的性灵，他人哪能参透个中滋味呢？还是让著作者说会更加透彻，让他人去品读会更有丰富的角度。

我恍然大悟，搁笔关灯，就以此为序。

二〇一九年七月

（作者系广东省人民政府文史研究馆馆员，广东省收藏家协会名誉主席，广州大学岭南文化鉴赏研究院副院长。）

读 画

目
录

1

目
录

目录

鉴 瓷

目
录

读　画

于右任《心积手成五言联》

尺寸：136x34（厘米）。

释文：心积和平气，手成天地功。

题识：南浒先生。于右任。

钤印：右任。

来源：广东古今 2011 夏季中国书画拍卖会。

著录：《于右任书法选》第 6 页，羊城晚报出版社，2018 年。

于右任（1879—1964）的书法四体皆能。其书落落大方，行气冲和虚灵，一派儒雅蕴藉之风。在雄豪婉丽与淡雅清奇之间，蕴含着于右任深厚的学识风范。此副五言联，为于氏典型的大字结体，行笔潇洒至极。字与字之间，上下呼应，相得益彰。作品整洁、规整，乃于氏成熟时期的代表作，亦是标准的于氏草书。

心積和平氣

手築天地功

南游先生

于右任

3

于右任　书法《基隆海滨浴场小坐》《读史》

尺寸：98x31（厘米）。

释文：锦绣家山万里同，寻诗处处待髯翁。

　　　今朝稳坐滩头石，且看云生大海中。

　　　风虎云龙亦偶然，欺人青史话连篇。

　　　中原代有英雄出，各苦生民数十年。

题识：乐三医师。于右任。

钤印：右任。

来源：香港苏富比 2015 春季拍卖会。

著录：《于右任书法选》第 34 页，羊城晚报出版社，2018 年。

于右任（1879—1964）的书法兼具了艺术、文献、品德、真情、诚挚的多元性价值，他独辟蹊径，达到了前人之所未及的高度，在中国书法史上树起了一座丰碑。于右任以他超凡的"巨手"将常人难以驾驭的笔势，在此变得非常轻松，将书法艺术推向一种脱俗超凡的境界。正如他晚年在《写字歌》里所讲的"起笔不停滞，落笔不作势，纯任自然，自迅速、自轻快、自美丽"。

1957 年新春，于右任与在台湾的女儿于念慈和女婿张澄基带着几个外孙到基隆海滨浴场游玩小坐，颇有感触，作此七绝。诗文写得较为含蓄，并没有直抒胸臆，反映诗人的感情。本该惬意舒怀，却又陷入愁思。诗人遐想联翩，不羁的诗心和腾飞的思绪，早已越过了大海和高山，飞到远在万里之外的家山和亲人们的身旁。这让读者完全可以感受到诗人郁郁惆怅，却又无可奈何、欲说还休的心情。

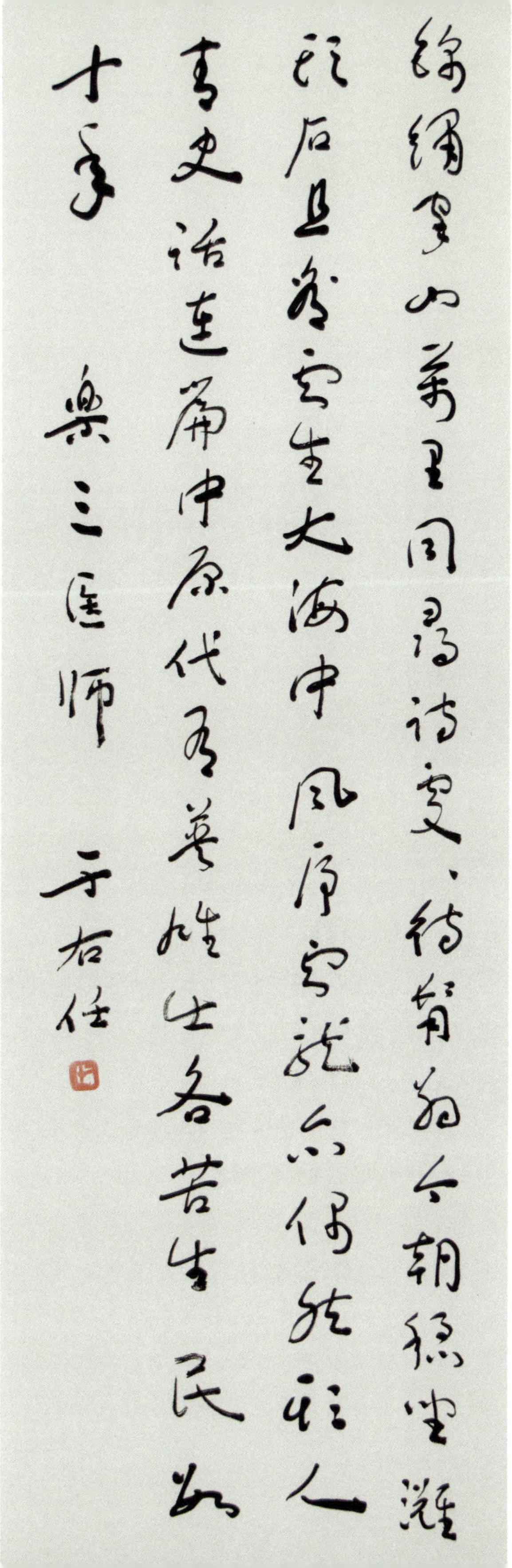

縑緗萬里同昭诗变，绵胄萬人朝稷坐滩

龙虎且为云生大海中風原宫就众侣於荒程人一

青史话连屏中原代为英雄生各苦生民苦

十年 乐三医师 于右任

方济众《林间清荫》

尺寸：68x46（厘米）。
释文：林间清荫。
题识：一九七九年三月，济众写。
钤印：方济众印。
来源：广东古今2005夏季拍卖会。
展览：《怀抱观古今——藏品精粹特展》，广州岭南会展览馆，
　　　2011年6月。

　　方济众（1923—1987）是当代著名的山水画家，是20世纪60年代崛起的"长安画派"中的一名骁将，生前曾任陕西省国画院院长。方先生所创作以反映陕西农村、山区风光及建设场景为主的田园诗意的清新画风，变革了传统山水模式格局，开创了以描绘时代生活自然形象为特征的纯美、朴素的亲切感人的田园风景模式，从而形成了自己独特的绘画语言特色。他那描写林间小鹿、岩畔山羊、陕西窑洞、黄土高原、秦巴风水、陕南农舍的写意小景中充溢着浓郁的生活气息，皆笔墨潇洒自如、古朴天真而意境深远。

　　《林间清荫》是方先生的标志性作品。画面呈现出用笔、用墨、用色、用水都能恰到好处，情感质朴，天趣纯真，富有诗意。三只小鹿轮廓细腻准确，颜色亮丽、饱和圆润，悠闲自在地漫步在林间土坡上。背景的岩石与树林被还原到自然真实的状态，带着自然光，带着透视感，带着肌理感，丰富而又和谐，既生动浑厚又不阻碍小鹿作为主要形象，同时又让占据大幅比例的配角岩石和树林发挥淋漓尽致的艺术状态而起到衬托作用。此画散发着诗情画意般浓郁的田园情调和泥土的芳香。

朱屺瞻《山水帆影》

尺寸：60x34（厘米）。

题识：屺瞻。戊午仲夏。

钤印：朱屺瞻、癖斯居。

来源：广东古今 2007 艺术品拍卖会。

朱屺瞻（1892—1996）是当今画坛杰出的艺术大师之一，艺术生涯长达 90 个春秋。他成功实现"耄年变化"，那至大至刚的审美特质散发着永恒的魅力。他所开创的拙朴清新、浑厚雄健的画风是美术史上的奇葩。

观本品见示，陡峭山峰根基坚实，山石勾皴笔性沉重，浓墨与淡墨自然含蓄。远景几座淡墨远山，苍茫渺远，江上数艘帆船，仅以寥寥几笔勾出。中、前景的山石则以浓墨勾皴点染，与淡墨景观浑然一体，恰到好处。江湖如镜，远山起伏，元气淋漓幛犹湿，不失空灵清远，境界恬静自然。屺瞻先生的山水画卷，笔墨极古，格局极新，气势极壮，韵味极厚，远近层次既有空间感，又有空气感，给人以强烈的视觉冲击力。

朱屺瞻《事事如意》

尺寸：45x68（厘米）。

题识：屺瞻作。

钤印：朱屺瞻。

来源：1997 年购于香港翰墨轩画廊。

朱屺瞻（1892—1996）是我国著名的长寿画家，精通中西方文化，能将中国画与西洋画技法融而为一，是中国现当代美术发展史的一个缩影。

柿子的"柿"谐音"事"，众多柿子连起来有事事有如之意，让生活更加顺风顺水，如意顺遂。画家常以柿子为题材进行创作，借物送福，寄物咏言。本画面四只柿子巧置于果篮周边，寥寥几笔勾勒出柿子，色彩鲜明沉着，笔意流畅，一气呵成。果篮运笔的厚重与柿子运笔的灵动适成对照，反映画家极强的节奏控制能力。用笔极为简练概括、憨态纯厚，带有浓郁的乡土气息，自然而天真，极富有意趣，体现了画家平时注意观察日常所见的良苦用心。构图以稚拙欢快的笔调，生机勃勃，十分自然得体，将主题烘托得喜气洋洋。

刘海粟　书法《宁静致远》

尺寸：67x27（厘米）。

释文：宁静致远。

题识：刘海粟，百岁开一。

钤印：刘海粟印、曾经沧海、心迹双清。

来源：香港保利 2017 春季拍卖会。

刘海粟（1896—1994）是一位学贯中西、艺通古今的大家，是中国新美术运动重要的奠基人，其大气磅礴的书法，在中国近代书法史上占有一席之地。书法是线条艺术，线条的节奏、力度、厚度，丰富了书法的内在语言。刘海粟从汉隶中吸取线条的丰富性，从北魏书法中吸取字形的变化和趣味，又从篆书中借鉴传统的古味和字法，通过抽象的线条表达自己的感受，展现书法的独特个性。刘海粟兼攻数体书法，并对各种书法流派兼收并蓄，其书法苍茫凝重又不失灵动，动画沉厚而丰富，用墨讲究枯湿浓淡，自成一家风貌。在他大气豪放的个性及审美取向影响下，其书法艺术总体上表现为一种拙朴浑厚的阳刚之美，古拙雄强、朴茂寸劲的艺术个性，豁然开朗、坚韧不拔的品格特征。

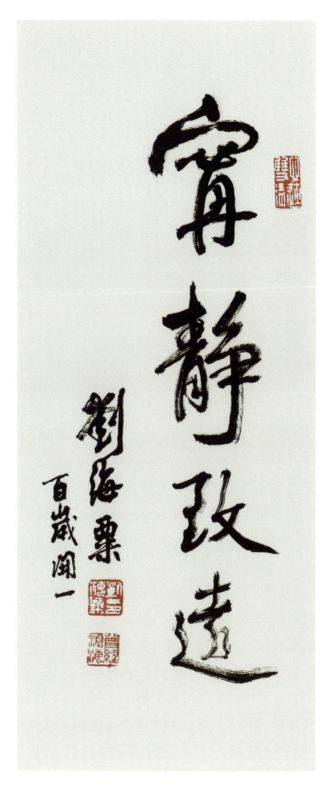

宁静致远

刘海粟

百岁闲一

齐白石《宋人词句》扇面

尺寸：18x51（厘米）。

释文：东坡平生好道术，闻辄行之，但不能久又弃去。谈道之心
　　　传世，欲数百千字，皆能书其人所欲言。文章皆雄奇卓越，
　　　非人间语。尝有海上道人，评东坡真蓬莱瀛洲方丈，谪仙
　　　人也。

题识：己卯。绣武夫人正。齐璜。

来源：1995 年购于北京荣宝斋。

著录：《近现代名家书画扇面》第 26 页，中华收藏出版社，2016 年。

本扇面乃齐白石（1864—1957）76 岁时书宋朝黄庭坚《题东坡书道术
后》句。大气磅礴，纵逸道宕，内实外扩，坚凝健劲，为其晚年成熟书作。
鉴赏齐白石书法，只要对其学书经历和传世墨迹多作了解，感受其书法
各时期笔画特征、结体布局，其内在精神，自不难把握。齐白石在 20 多
岁开始学何绍基体、李北海体、金农体。中期的书法，融郑板桥、吴昌硕、
天发神谶碑为一体，为晚年齐体书法笔画纵横道劲、中宫内敛紧收之风
格打下了基础。

事業奇聞轟　好道
行間
事多談　□□□之
道之心傳其欲夢
皆能書其人所作
百千字
言文章
皆瑰奇卓越非
人間語
嘗有海上道人
評東坡
真蓬萊瀛洲芳
大滴仙
人
湘管齋

关山月《每使且随七言联》

尺寸：135x34（厘米）。

释文：每使方圆变曲直，且随错落化端严。

题识：漠阳关山月。

钤印：关山月。

来源：广东精诚所至2018秋季拍卖会。

书画在中国本来有同源之说，于关山月（1912—2000）的笔墨书画之间皆有体会。无论是绘画作品抑或是书法作品都水乳交融地结合在一块，淡然温情的感觉在墨汁的晕染中也晕进观者的心间。无论大字小字，或将长画蓄势为顿，以拙重之点厚其味，或以牵引畅其气，笔丛相连，笔断意连。本副对联纵而有序，肆而能醇。可谓"意在笔前，字居心后"，一股深郁豪放之气，跃然纸上。

关山月书法最为深刻的是他的"疾笔"与"涩笔"。疾笔显"快"，涩笔显"慢"，动与静是其书法无穷的生命力："秀骨清像"与"端庄丰厚"。整体布局列置有序，笔笔老辣圆浑，笔势之欹侧，章法掉阖，行笔大起大落，不拘一格，遒润峻险，既呈现碑派行草书风，又展现帖学意韵。这独特的"关体"，还颇有其师高剑父"古藤体"的趣味，笔意洒脱活泼而古拙厚润，堪称"粗服乱头，不掩国色天香"。近看远望，行笔之间大家气概自然显现。

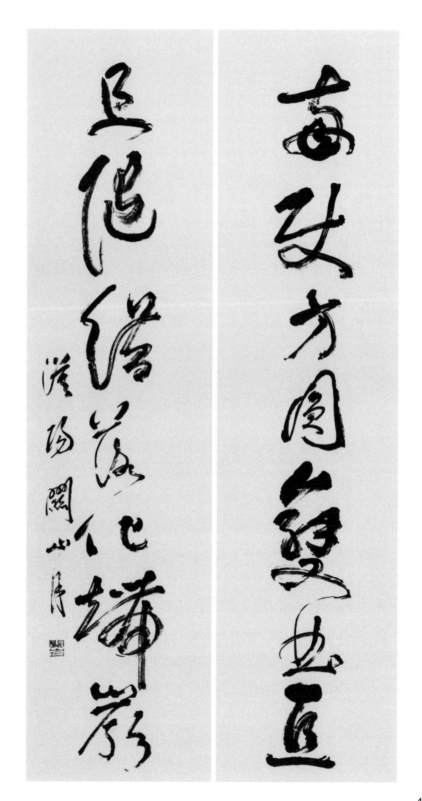

海纳百川有容乃大

壁立千仞无欲则刚

濮阳閟山居

关山月　书法《建军节有感》

尺寸：137x68（厘米）。

释文：铁骨幽香雪里红，虚心劲节扫阴风。

军民鱼水情难尽，两杆联盟力无穷。

题识：一九九零年建军有感（脱节字）。漠阳关山月于羊城。

钤印：漠阳、关山月、九十年代。

来源：广东精诚所至2019年迎春拍卖会。

本幅关山月（1912—2000）书法尺幅巨大，实属稀少作品。关老用笔泼辣、奔放、恣肆，一些字处理较为简练概括，另一些字又显丰富蕴藉。整体气势恢宏，细部耐人寻味，有极强的感染力。观其字炯炯有神，自然的笔法相连，虚实的游丝牵连，显示飞白和提按顿挫的韵律。观其力而不失，身姿展而不夸，笔迹流水行云。笔健雄强，气势如虹。其浓淡枯湿，飞白灵动，彰显功力；其笔走心字表意，尤以当头的"铁骨"二字，居中的"扫阴风"三字，精彩夺目；方尺之间，豪气万千。

关山月之所以成为一代国画大师，是因为他尊崇"书至画为高度，画至书为极则"。他先学"二王"，嗣后学黄庭坚、王铎，转学"二爨"（爨宝子、爨龙颜），凭借几十年的临池不辍，形成了强悍奔放的书风，不求字的结体，只求精神到位。他虽然并不是以书法出名，但将中国"书画同源"的概念更加具体、准确地表达出来。字里行间所透露出的雄浑大气，使人一眼就可以识别出"这是关山月的字"。

鐵骨幽蘭雲鎧護山勤節
掃陰小屋軍民魚水情難
忘而揮灑留乃芳窮

元元零零年建軍有感
脫帽堂

漢陽閣山房於羊城

关山月《报春图》

尺寸：39x54（厘米）。

释文：报春图。

题识：一九七八年秋月画于珠江南岸，关山月笔。

钤印：关山月印。

来源：广东古今2012夏季艺术品拍卖会。

关山月（1912—2000），岭南画派第二代杰出人物。关山月作梅花，独具风格，闻名遐迩。其梅花的创作，跳出了前人画梅静冷孤傲的陈窠，更为切合当代人们的审美意趣。无论是白梅还是红梅，枝干如铁，繁花似火，又不失清丽秀逸，突出了铁骨铮铮、幽香国魂的精神，体现出真、善、美的生命力和艺术境界，达到了炉火纯青之境地。

画面中，作者画两色梅花，布局新奇。白梅从画面右下侧虬曲弯转而上，梅树如铜枝铁干，花朵用淡墨勾勒而出，追文人意趣，表当代人清正廉明之气节；红梅从右上方斜逸而下，以没骨法染红梅朵朵，与白梅相接，交相呼应之间使画面热烈喜庆，充满春天活力。笔墨凌厉、线条刚健，梅枝的生机，白梅的品德，红梅的热烈，构筑了一幅咏梅报春图。

关山月《枝头春闹》

尺寸：39x80（厘米）。

题识：甲申岁阑于渝州客次，为崇正先生之属。岭南关山月。

钤印：关山月。

来源：香港苏富比 2012 秋季拍卖会。

关山月（1912—2000）在艺术上坚持岭南画派的革新主张，追求画面的时代感和生活气息。他的花鸟画，表现出清丽秀逸、热情、活力等风格。本幅作品中画家画了三只麻雀站在蓬勃的花木枝藤上（占据了画面的主要视线），它们相互注视着，仿佛有着心灵的沟通，有倾诉与倾听的交流。明亮的阳光从画面中上方投射进来，衬托出麻雀的形体，麻雀尽情沐浴在温暖的阳光中，烘托出一片温馨情意。趣味盎然，点明春天的喜悦，表达鲜明主题色彩。

关山月《梅魂》

尺寸：43x68（厘米）。

释文：梅魂。

题识：一九九三年初夏挥汗成此。漠阳关山月草。

钤印：关、九十年代。

来源：1993年直接得自画家本人。

此帧梅魂图，关山月（1912—2000）用笔铿锵有力，一蹴而就，用墨浓淡干湿，清爽悦目，给人一种正气凛然、浑厚凝重的感受。关老写出梅干古、老、奇、妙的特征，梅花纵横盘错的质感与气势，使梅干的线与空间构成节奏感和韵律感；写出古梅老干鳞皴斑驳、苔藓蟠绕，与自然风霜风雨搏斗经历的印记。而梅干分枝走向多为90度角，一笔一画都拟书法般写出来，把花瓣、花蕊和挺拔的新枝的不同体态及特征一笔不苟地表达出来。以形写神，情景交融，体现出真、善、美的生命力和艺术境界，从而产生无限的感染力量，"不要人夸颜色好，只留清气满乾坤"。

在诗、书、画融为一体的中国文人画中，画梅是最为普遍也是成就最高的。关山月画梅堪称一绝，皆表现出"铁骨傲冰雪，幽香透国魂"的高尚品格。

孙中山　书法《博爱》

尺寸：43x99（厘米）。

释文：博爱。

题识：孙文。

钤印：孙文之印。

来源：北京纳高 2010 夏季拍卖会。

著录：《20 世纪名家书法》第 17 页，线装书局，2010 年。

孙中山（1866—1925）浑厚雄劲的书法得益于颜体为多，尤其转折之处多出于篆籀之意，平衡庄重之中加入了迅猛的笔势，政治观与艺术观的结合可谓尽善尽美也。中山先生心系天下的仁慈宽厚完全寄托于笔力遒劲的"博爱"二字之中。

作为一位伟大的政治家、革命家，中山先生一生致力于革命活动，为此东奔西走，日理万机，于艺文之事似应无暇旁及。幸其童年时代读私塾时曾描红习字，学过颜体字帖，又长年习惯亲自著文书写，渐成了自己的书风。其虽自谦称"未曾临池学书"，然心性与学问乃为书法必备要素，因此其横溢的才气，开阔、爽朗的心性亦融入笔墨之中，其博大的胸怀也恰是"字如其人"的最佳显现。中山先生擅长楷行两体，以略带行书意味的楷书为常用书体。本幅书法，风格简洁大气，除"博爱"二字外，仅题落款"孙文"二字及钤印一方，但又不失静雅古拙之气，显示其为人光明磊落、严谨不苟、刚强不屈的阳刚气质和伟人气魄。

博愛

孫文

李可染　书法《书画缘》

尺寸：32x44（厘米）。

释文：书画缘。

题识：绍全同志属，可染。

钤印：李、可染。

来源：广东小雅斋 2015 春季拍卖会。

这是李可染（1907—1989）先生 20 世纪 70 年代的一幅书法。大字骨力雄强，行气严谨，笔画时而酣饱，时而苍劲，润而不滥，苍而不枯，极具金石意味。“书”字端庄严肃，中寓奇正变化，上方下圆，下端的“日”的左上角开而不收；“画”字收放自如，上正下奇，有纵横艺坛之感；“缘”字由静而动，收笔的右捺墨韵干辣，复归于静。整幅书法，字数虽少，但见点画圆浑与方断兼之，线条极富立体感，字势开张大气，时有飞白、颤笔，行笔如锥划沙，显篆隶之意，给人以宽博大度、严肃雄健之感。

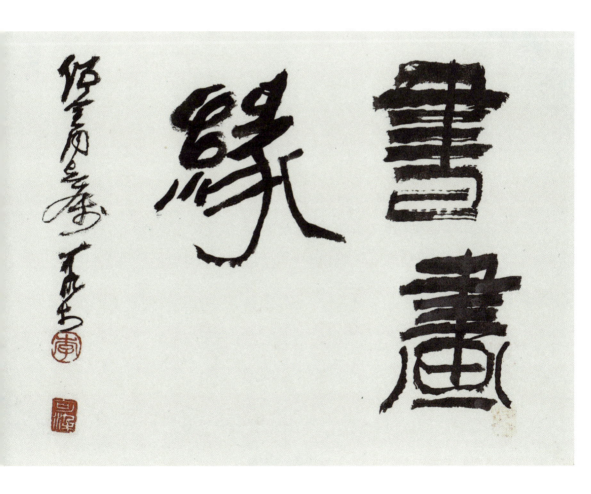

李可染《牧牛横笛》

尺寸：44x34（厘米）。

题识：可染。

钤印：可染、有君堂。

来源：香港佳士得 2011 春季拍卖会。

著录：《小湘藏画三十年》第 31 页，中华收藏出版社，2014 年。

    李可染（1907—1989）画牛作品独多，成为他艺术成就的重要组成部分。可染先生画牛，遥承唐宋绘画传统，在题材方面大体不出前人范围，但不是临仿前人，而是基于自己对生活的直接观察与感受，作品多为牧童与牛。

    此幅牧牛图，斜阳芳草，牧笛孤吹，为可染先生 20 世纪 40 年代年代所作。开阔的春草如波的草坪上，牧童蹲坐在牛背上，享受着牛背稳如舟之乐，抚弄短笛，以牛为知音，水牛则洗耳恭听。牧童与牛厮混在一起、共同经历风雨和自由快乐时光的写真，一派牧童、牛与大自然和谐相处、情趣盎然的景象，可染先生幽默乐观的天性跃于纸上。

李可染《草坪牧牛图》

尺寸：35x45（厘米）。

题识：云生同志属正。岁次戊辰新春，可染于师牛堂。

钤印：李、可染、孺子牛。

来源：香港佳士得 2013 秋季拍卖会。

著录：《小湘藏画三十年》第 32 页，中华收藏出版社，2014 年。

　　李可染（1907—1989）画牛，其晚年达到顶峰，形成不同于古人，不同于他人，也不同于自己早期作品的独特面貌，是 20 世纪中国画坛的几绝之一。

　　本幅牧牛图，系可染先生 81 岁时所作。画一牧童抱膝晏坐于草坪上，昂首观察着水牛，身边放着背篓、草帽，一水牛摇尾踽行，意态闲适。牧童为线勾白描，水牛以水墨皴出。画中虽未写地面，空其所有，从牛之欢欣自得，牧童自然动作，似见春草初长、阳光和煦的田园之景，动与静结合，有形与无形互补，景象本朴无华，意趣萧然淡远。画家用物象、款题营构出空间感：画面左右写水牛、牧童，留下左侧边幅作题款，右上方留大片空白。注重对画幅四边顺应与切割，注重对比与统一相结合，极具匠心。此幅构图之精妙，物象之简练，意境之爽洁，堪称可染先生晚年简笔妙品。

33

李可染《桂林襟江阁》

尺寸：68x45（厘米）。

题识：襟江阁在桂林月牙山半山崖壁上，左临小东江，

为漓江名胜之一，兹写其大意。可染。

钤印：可染、河山如画。

来源：购于北京琉璃厂画店。

桂林漓江山水是李可染（1907—1989）艺术生涯中最重要的绘画题材，漓江山水成就了李可染，反过来李可染亦让漓江山水透过个性画面显示出与众不同的山水美。

《桂林襟江阁》把写生、情感、意境构成了一个整体，把漓江客观现实的本质美，经过主观思想感情的陶铸和艺术加工，创造出情景交融、蕴含新意的独创性山水。当部分画家还沉溺在心中山水时，李可染此幅写生山水作品内容与形式已经与时代精神同步！此幅画无论是"山林，小道，亭台楼阁"，还是"左山右水，一虚一实，一疏一密"，都做到了动静结合，画面的对比与均衡、大自然的恬静与空灵都体现得淋漓尽致，尤其是画面顶天立地的构图大气磅礴，大家气象。色墨并用，墨中透出丰富而细腻的层次，既可远眺又可近观，笔墨入纸，沉雄凝重，深透茂密，清新浑厚，恰到好处地表现了桂林襟江温润如玉的特殊地理环境和风格特点。

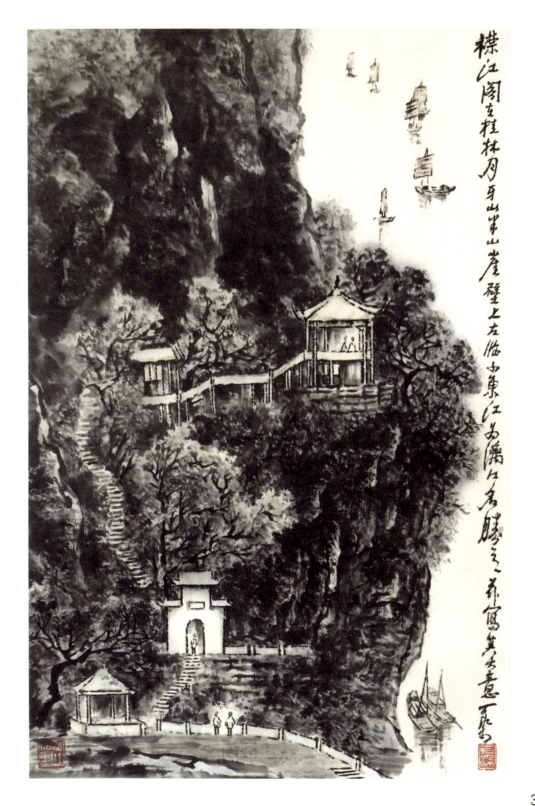

樵江閣在桂林月牙山半山崖壁上左臨小東江為灕江名勝之一喬寫其大意□□

李可染《暮韵图》

尺寸：62x40（厘米）。

释文：暮韵图。

题识：可染。

钤印：可染、陈言务去。

来源：广东古今2000秋季拍卖会。

　　山水与牧牛均是李可染（1907—1989）标志性的创作题材。与其宏伟壮丽的山水巨制有所不同，牧牛图给人以轻松惬意的氛围，透露出淳朴温馨的气息。耕作归来，牧童倚靠在树杈上吹笛，悠扬的笛声回荡在树林中，老牛昏昏欲睡，整个画面弥漫着悠然淳朴的田园诗意。天真无邪的牧童与性情温驯的老牛——老与幼、动与静、驯与顽，形成了强烈的对比，彼此相映成趣，表现出李可染渴望回归自然的理想与心境。牧童与老牛作为其抒发淡雅情怀的载体，寄托了李可染内心朴厚的深情。《暮韵图》笔触线条遒劲老辣，略参金石之法，生拙苍朴；而笔墨简练，是缘于李可染数十年中不断地提取概括，采一炼十，由原本的忠于写实到不拘泥于形似，技艺逐步达到炉火纯青的境界。其亦表达了李可染以牛为师、刻苦进取的艺术追求，以及"甘为孺子牛"的精神气节。

李苦禅《荷韵》扇面

尺寸：17x50（厘米）。

题识：辛酉夏。八四叟，苦禅。

钤印：苦禅。

来源：1997 年购于香港收藏家画轩。

著录：《近现代名家书画扇面》第 59 页，中华收藏出版社，2016 年。

李苦禅（1899—1983）先生在大写意花鸟画方面有自己的特色，表现出豪迈、气势磅礴、形象鲜明的风格，跻身于大写意花鸟画大师行列。他的大写意绘画，有一定写实的成分，但不是对自然物象客观的描摹，而是凝练后的创造。随意中蕴含着朴拙之气，自然含蓄中蕴含阳刚之气。

此幅《荷韵》扇面，章法简练，小中见大，形似神肖，清新秀丽，笔墨酣畅而厚重，益显荷之高洁品性。系苦禅先生晚年之佳作。

杨善深《涛卷云横五言联》

尺寸：137x34（厘米）。

释文：涛卷海门石，云横天际山。

题识：少湘先生正书。甲戌，善深。

钤印：善深无恙。

来源：1994年5月直接得自作者本人。

著录：《名家楹联集》第28页，广东高等教育出版社，1995年。

　　杨善深（1913—2004）的书法因其强烈的可驾驭性而散发出超脱世俗、释放自我的天然意趣。以笔下的飞纵奔放自然及诗文相融而淋漓抒发其在生活中领悟到的淡泊之气，这其中不仅融汇了作者的学问修养，更汇聚其人品气格，从而使之能在书风艺道上获得永恒的生命力。

　　此副录李白诗句，联语意境深远，字里行间蕴藏着无尽的意味，体现出作者儒雅雍容的文人画家风范；以绘画入书，师法自然，创作完全表现生活情感；楹联字体左右揖让，虽常自言"无法"，实质颇见法度，行笔古拙苍劲，亦古亦今，富于个人面貌，把枯笔、秃笔手法运用到极致的自由。

清德臨門石

雲橫匕色隱山

芷湘先生正筆

甲午黃高澄

杨善深《摹古希腊美女》

尺寸：138x30（厘米）。

题识：后期古雕刻大家是普拉克西泰利先生。生平故事有不少脍炙人口，他是艺术第二代，所以既工铸铜又工刻石。是希腊雕刻史上以裸体雕制爱与美女第一人。他有位美丽的妻子弗利妮帮他完成不少佳作。予曾游希腊，见普拉克西泰利石刻美女，线条精彩，即试摹之。善深。

钤印：杨。

来源：保利香港 2014 春季拍卖会。

著录：《澄怀观道》第 164 页，中华收藏出版社，2015 年。

香港著名画家杨善深（1913—2004），喜好游历，足迹遍及全球，边游览边写生，积累下无数的画稿，成为他日后创作的源泉，在许多作品中表现出来。此幅作品，源于杨先生希腊旅游所见古希腊的石刻美女后，佩服古希腊雕塑大师作品的力与美、情与理的表现手法，欣赏大师作品的内涵和感人魄力，用国画形式来摹写。杨先生的人物画，是用道劲的线条描绘而成，其用线缜密若行云流水，流畅而富韵律美。捕捉石刻美女的神态，利用白描及渲染等技法，巧妙地与用双钩手法而成的挺拔翠竹、墨彩和颜色相互配合，构成一幅完美无瑕的人体美图，虽然只是勾勒了美女的某一瞬间神情，但这一表现却成为永恒的形象。其把欣赏者深深地吸引，同时也透过作品想象古希腊雕刻时代的辉煌。

43

吴作人《熊猫竹叶》

尺寸：55x35（厘米）。

题识：钱蜂甥属画。作人图于北京。

钤印：吴作人印、珍异、前贤未见。

来源：2008 年得自澳大利亚藏家刘先生转让。

著录：《小湘藏画三十年》第 41 页，中华收藏出版社，2014 年。

　　吴作人（1908—1997）以自然为师，总是充满活力地进行艺术创造，有所取舍。为了表现熊猫稚拙的情趣，其把熊猫概括为黑白分明的色块组合，浓重墨色分寸掌握得好，墨晕的特殊效果显出熊猫毛的实质，无须依赖线条，墨色落纸，形色随之出现，形之外还表达出它的质感。寥寥数笔就将啃竹叶熊猫的活泼可爱的形象淋漓尽致地表现。其画熊猫，按照画家自己的意图构思而成，因而令人觉得画上的熊猫形象比真实的熊猫更加生动可爱，更开朗有趣。再配上几株翠竹，清新淡雅，意在气节，以此抒发作者的人文情怀，观者无不赞叹。这是吴先生师造化夺天工美术观念的具体体现，亦是熊猫形象创造的一种憨态可掬、栩栩如生、充满灵性、稚拙纯朴之美的典型。

45

吴作人《川西甘孜雪山》《雅砻江上牛皮船》

尺寸：18.8x26.6（厘米）；18.8x26.6（厘米）。

题识：作人，1944甘孜。作人1944。

来源：浙商2010秋季拍卖会。

著录：《艺术当代》第26页，上海书画出版社，2006年2月。

吴作人（1908—1997）曾任中央美术学院院长、中国美术家协会主席。他禀赋深厚，学贯中西，是我国当代美术史上承前启后的一代杰出美术家和美术教育家。1943年7月开始，吴作人深入西北边陲与康藏地区进行写生，长途跋涉，历经艰险，感受民族文化精神，吸取民族艺术养料，进行油画、水彩画与中国传统绘画融合尝试。这使他更贴近生活，催生出自然天性的真情流露，进而挣脱传统范式的羁绊而探求更具生命力的创作启示。他在构图、色

彩、用笔、造型及画面意境营造上大胆吸收了与水彩画审美相近的中国画表
现方法，给水彩画赋予强烈的民族情韵，最终形成了流畅敏感的书写性的笔
调和神秘朦胧的水墨趣味构成中国水彩的典型性格。1945年，他根据写生
画稿加工整理出100多幅油画、水彩、速写作品，举办画展，受到热切的关注，
此二幅水彩画便在其中。此时吴作人的作品突显质朴、自然、生动，反映了
中国特定的社会现实、人文心态、画家的创作理念及审美追求，从而成为中
国百年水彩史上的经典之作。徐悲鸿先生在1945年12月撰文评价吴作人："作
人为今日中国艺坛代表人之一，天才高妙，功力湛深。三二年春，乃走西北，
朝敦煌，赴青海，及康藏腹地。摹写中国高原居民生活，作品既富，而作亦变，
光彩焕发，益游行自在，所谓中国文艺复兴者，将于是乎征之夫。"

吴昌硕《红梅、石鼓文》成扇

尺寸：17x50（厘米）。

释文：〈画〉华明晚瑕烘，干老生铁铸；岁寒有同心，空山赤松树。

　　　〈书〉略。

题识：戊午重阳客沪上。老缶。骏孙大兄属临石鼓，自视有实处，

　　　无虚处，惜不能皋文张先生问之。时戊午九月。安吉吴昌

　　　硕老缶年七十有五。

钤印：俊、缶。

来源：香港苏富比 2013 秋季拍卖会。

著录：《九三书画扇展》第 2 页，香港集古斋，1993 年。

　　本品作于 1918 年，堪称吴昌硕（1844—1927）晚年扇画精品。以红梅铁骨幽香寄托胸中一腔淡泊肃然之情。几乎占满整个画面的梅花，傲然而出，迎风而动，又以浓浓的朱砂写出片片花瓣，艳而不媚，浓而不妖，如赤城的晚霞，沁人心脾，正是梅花高洁孤傲的品格写照。作为近代海派的一代盟主，吴昌硕集金石、书画、诗文、印章于一身，以其气势磅礴的大写意花卉蜚声海内外。其深厚的金石书法功底则成为铸就其辉煌业绩的至关重要基础。细读这篇石鼓文，笔力老辣，虽肆意纵横，但章法固在，通篇一气呵成，其金石书风精绝如此，实无愧"缶翁"之名。

吴湖帆《郑虔阿买七言联》

尺寸：132x32（厘米）。

释文：郑虔漫自矜三绝，阿买都知写八分。

题识：一秋先生属，吴湖帆。

钤印：吴湖帆印、倩盒书印。

来源：香港保利 2018 秋季拍卖会。

　　吴湖帆（1894—1968）幼承家学，浸淫文史艺诸业数十年，中岁后又究心宋元绘素，襟怀高古。其不但画为一代宗师，书法亦清贵气十足。观赏吴湖帆先生手录《集近代诗联语》句，可以看到其书法风格奔放，笔墨自由，行笔熟练。书体如春花枝头，摇曳生姿，神形势格尽在毫端。每字都稍有侧倾体势，欲左先右，欲扬先抑，跌宕跳跃。字体清真平和，堂皇典丽，一片雍穆气象，超凡脱俗之感油然而生。吴湖帆先生晚年在米芾书法的研习上用功颇深，成就以行楷为最大。其书体潇洒开张，严于法度，深得米襄阳之精髓。劲健温柔兼得，婉转畅快并具，近代画家中几人能臻此境？

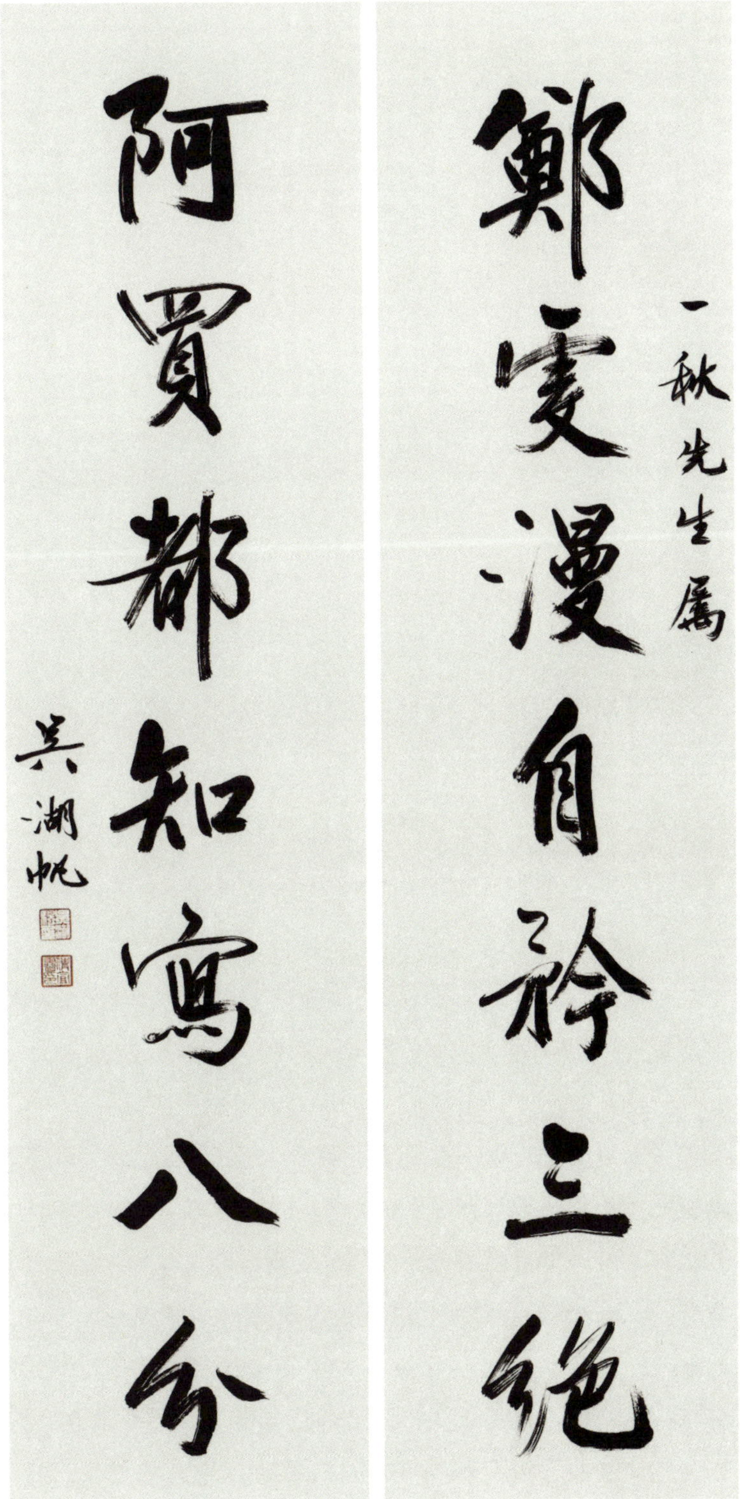
一秋先生屬
鄭虔漫自矜三絕
阿買都知寫八分
吳湖帆

沙孟海《独有更无七言联》

尺寸：140x28（厘米）。

释文：独有英雄驱虎豹，更无豪杰怕熊罴。

题识：希林同志正腕。沙孟海。

钤印：若。

来源：1996 年得自南京藏家黄先生转让。

著录：《曜湘居藏画》第 163 页，团结出版社，2005 年。

    沙孟海（1900—1992），20 世纪书坛泰斗。其书法远宗汉魏，近取宋明。转益多师，化古融今，形成自己的独特书风。此行草七言联，联语出自毛泽东七律《冬云》里的句子。书法结字纵横开阔，奇特妥帖；点画精妙入微，笔墨收放自如，用笔转折方圆，笔笔到位，痛快淋漓；墨色厚重浓郁，使书作多了几分雄健之风，浓淡干湿出之自然，增加耐人品咂的韵味。此联无论是结字之法、笔法还是墨法都充分展示了沙孟海先生所具有的融合贯通的天赋和能力，体现了沙孟海先生的艺术思想，是沙孟海先生书法艺术的精粹所在。

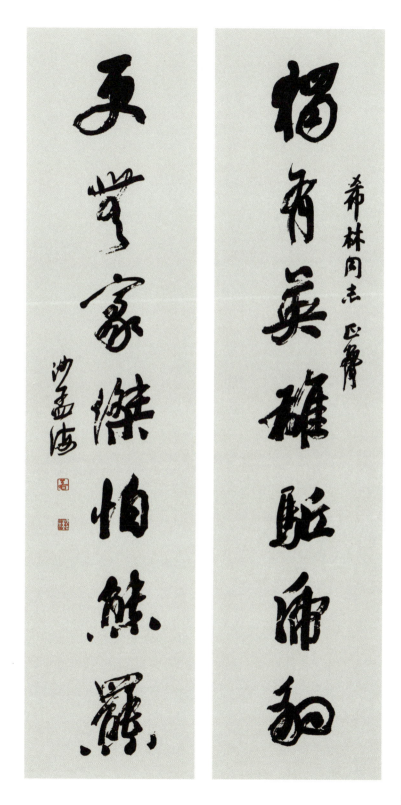

福有英雄驱浦匐

希林同志正腕

天堂家鬃怕熊羆

沙孟海

沈尹默　书法《戏咏江南土风》

尺寸：79x33（厘米）。

释文：十月江南未得霜，高林残水下寒塘。饭香猎户分熊白，

　　　酒熟渔家擘蟹黄。橘摘金苞随驿使，禾春玉粒送官仓。

　　　踏歌夜结田神社，游女多随陌上郎。

题识：黄鲁直戏咏江南土风。尹默。

钤印：沈尹默。

来源：1985 年得于四川师范学院的一位老师转让。

著录：《曜湘居藏画》第 45 页，四川美术出版社，1991 年。

　　此幅书法清隽秀朗，风度翩翩。虽无署具体年款，然从书风看及原藏家陈述，当系沈尹默（1883—1971）先生于 20 世纪 30 年代末、40 年代初期寓居成都、重庆时的作品。这个时候正是"沈尹默书法体系"风格成熟阶段，他运笔毫无棱角，用软毫有筋骨，控制得法，刚柔咸宜，得心应手；看他笔粗处并不类墨猪，笔细处则细若游丝，粗处不蠢，细处不弱；结体有正有则，行气有断有续，于正则断续之间，自然姿态横生，令人玩味无穷。

十月江南未得霜　高林殘水下寒塘　栟香櫪戶

分熊白酒熟漁家　壁半蠟黃橘擷金苞隨驛使

禾春玉粒送官倉　踏歌夜結田神社游女多隨

陌上郎　黃魯直戲詠江南土風

千熙

宋文治《虎踞龙盘》扇面

尺寸：18x52（厘米）。

题识：虎踞龙盘今胜昔，敬录毛主席句。何川同志教。文治。

曜湘老弟得此扇，乃六十年代之作，不易也。文治记。

钤印：文治（二次）。

来源：1990年得自南京藏家黄先生转让。

著录：《近现代名家书画扇面》第45页，中华收藏出版社，2016年。

宋文治（1919—1999）先生在20世纪60年代创作了许多描绘祖国大好河山和日新月异建设面貌的山水画。此件扇面，表现金陵新貌，十分鲜活，富有生机，且气势宏大。巍巍紫金山、滔滔扬子江、天堑变通途的南京长江大桥、高竿密集的工厂烟囱、凌空架设的高压输电网、喷出滚滚浓烟的发电厂、崭新的校舍和民居、长江上鳞次栉比的舟船，对这些极具时代特征和特定历史时期的生活场景和环境，画家作了充满激情的深入描绘，将满腔热血投入到火红的革命宣传当中去，是最饱含着生命力和创造力的真实记录。在咫尺的扇面上，描绘新时代山河巨变的宏大场面和震撼力，宋文治的扇画艺术登峰造极。

57

宋文治《华山西峰》

尺寸：58x35（厘米）。

题识：江汉同志属画。写华山西峰，请指教。文治于北京。

钤印：文治。

来源：上海驰翰 2010 金秋拍卖会。

著录：《小湘藏画三十年》第 79 页，中华收藏出版社，2014 年。

宋文治（1919—1999），当代中国画坛卓有成就的著名画家，"新金陵画派"代表人物。他的作品总是呈现出豪迈气概、秀雅飘逸、蕴含力量的品位。

本幅作品，画家将传统的"千岩万壑"意象与华山的自然山石相融合，对全景山水进行了强化和截取，景虽小而气魄大。松树、近山用浓重墨色，远山带一抹晚霞，华岳摩岭伴有云海，一群山鸟在峡谷间飞翔。用笔老辣、皴擦并用，毛笔的使用极尽笔锋、笔腰、笔根之能事，浑厚滋润，将华山的奇险和云烟表现得淋漓尽致，让观者神游之，心向往，置身于祖国美丽河山的豪情万丈中。

启功　书法《司空诗品句》

尺寸：65x43（厘米）。

释文：如觅水影，如写阳春。风云变态，花草精神。

　　　海之波澜，山之嶙峋。

题识：司空诗品句。启功。

钤印：启功之印、元白、戊辰。

来源：1990 年直接得自作者本人。

著录：《私家藏启功书法图鉴》第 9 页，中华收藏出版社，2011 年。

　　本幅书法是启功（1912—2005）先生录写唐代司空图《诗品》句子，用笔精妙老道、遒劲圆润、收放自如、干净利落、颇具神韵，是启功先生书法风貌的经典之一。启功先生擅长行楷，书法表现力纯熟，富有独特的艺术风格，突破前人，师古而不泥古，格调高标可雅俗共赏。

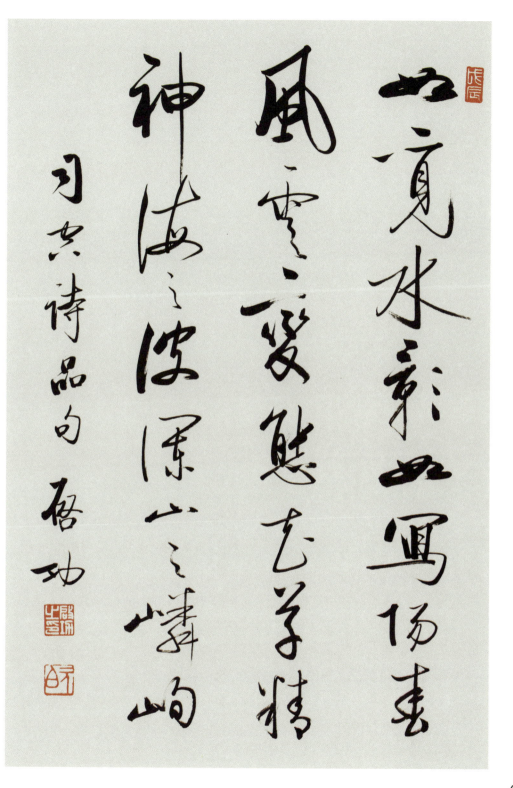

四顧水光如寫揚輝，風雲變態，其辭精神，流之沒漠之嶺峋

習夫詩品句　啟功

启功　书法《唐人句》

尺寸：68x40（厘米）。

释文：解落三秋叶，能开顷刻花。过江千尺浪，入竹万竿斜。

题识：初唐人句。云鹤先生正腕。启功。

钤印：启功之印、元白、浮光掠影楼。

来源：浙商拍卖 2011 春季艺术品拍卖会。

著录：《小湘藏画三十年》第 108 页，中华收藏出版社，2014 年。

启功（1912—2005）系中国书法家协会主席、中央文史馆馆长。其书法章法简明，结体端庄、周正、挺拔。以行书入楷，粗细变化显著，用笔起伏跌宕，温润含蓄，不激不厉。书界评其为："外柔内刚，自然洒脱，清隽儒雅而妩媚华美。"

解箨三秋装挺节

顷刻光过江千尺浪

入竹万竿斜初产人句

云鹤先生正录 启功

63

张大千《芙蓉月桂七言联》

尺寸：94x16（厘米）。

释文：芙蓉面是人间美，月桂香从天上来。

题识：清中先生法家正之，大千居士爰。

钤印：张爰大千印、大千居士。

来源：香港富得 2007 春季拍卖会。

著录：《名家楹联》第 54 页，中国评论学术出版社，2008 年。

张大千（1899—1983）书艺在师从李瑞清和曾熙的基础上，移学多师，参以宋代大家黄山谷的笔势，追求折叉股和屋漏痕之妙，融合了山水画的意境，达到了艺术上的精深境地。

本幅作品笔墨跳荡灵动，清隽奇肆，潇洒流畅。看上去笔笔有力，但这种力并不是一味求其表面上的张扬外露和剑拔弩张，而是使力与感情相融合，产生藏于笔墨之中的锥沙印泥之韵，达到了"骨力"与"内美"的和谐统一。

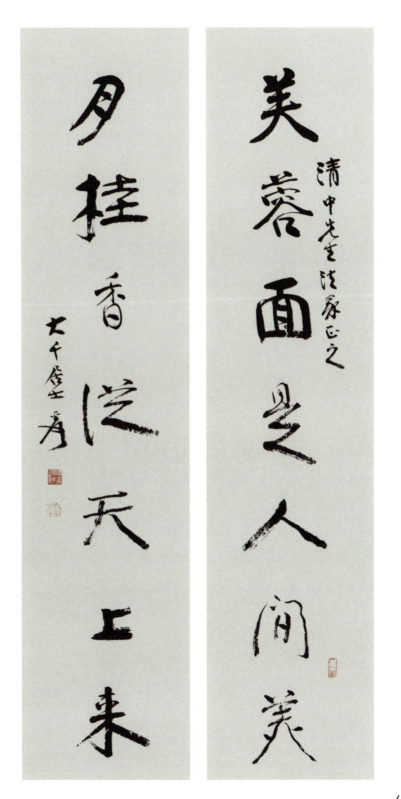

芙蓉面是人間芙

清中先生法家正之

月桂香泛天上來

大千張爰

65

张大千《宜富当贵》

尺寸：55x115（厘米）。

释文：竞趋时样效新妆，自爱天然第一香。

　　　能遣众芳作臣妾，几曾南面自称王。

题识：越日戏拈小诗，书就始觉重一自字，鲁莽可笑。大千杜多。

　　　宜富当贵。六十九年庚申十月摩耶精舍写，八十二叟爰。

钤印：张爰之印、大千居士、春长好、大千唯印大幸、摩耶精舍、

　　　大千豪发。

来源：香港保利 2018 秋季拍卖会。

　　牡丹尊为花中之王，有"国色天香"之誉，色泽鲜丽浓艳，象征着富贵人家的丰满吉祥，是国人一向所激赏盛赞的花卉，故画家常以之入画，张大千（1899—1983）自不例外。画花卉能将"清雅"与"妍丽"两种不同的性质一起呈现，是张大千独具的当行本色。本品赋色淡雅，笔墨恣肆奔放，落笔极为快速。画面右边一朵盛开绽放，枝叶停分有致，花瓣色泽激滟；左边一朵含苞待放，花茎反向出枝，造成画面平衡而紧凑的拉力；花叶用重墨洋红勾点茎胍，倍显精神，两枝牡丹花相辉映成趣。款书自然放达，无半点造作痕迹。张大千绘牡丹，用笔用色十分讲究，尤其是花瓣，一瓣一瓣染匀净，等干了以后再加一次，每瓣均要加三四次。其色调好后似会高出纸面，显得自然华贵，娇艳生动，不落俗套，富立体感，突显牡丹明艳照人的气质。

競誇時樣
欲斬妝月嬌
天然中一番能
道衆芳並佳
姿態菖南面
自稱王
戲日戲相小
冷也鮮胎嬌
童一月宮魯萼
百裁 大千杜甫

宜富當貴
六十九年庚卯十月摩耶精舍寫
八十三叟爰

张大千《蕉荫高士》

尺寸：120x30（厘米）。

题识：丙子春日，蜀人张爰。

钤印：大风堂。

来源：广东古今 2004 冬季艺术品拍卖会。

著录：《澄怀观道》第 138 页，中华收藏出版社，2015 年。

绿芭蕉荫下，一位高士举目望前方，无言而意无尽。仅用一棵芭蕉和一株嫩竹来表示高士隐逸的意境，大胆而罕有，这是张大千（1899—1983）以笔法功力和从容气度为底色的铺陈意趣，可谓：逸气假毫翰，清风在蕉荫。是幅《蕉荫高士》，讲究笔法挑剔顿挫，行笔飘逸流利，富有轻重、疾迟、虚实、浓淡的笔墨跌宕变化，呈现了笔墨的节奏韵律之美。借助前代高逸形象，抒发自己的心志和情愫，可谓"借古人之块垒，洗自家之心胸"，而观赏大千先生的高士，并不会激起怨愤或厌世的情绪，恰恰能获得一种豁达宁心的精神慰藉。

民国闺秀顾青瑶在本画上跋七绝一首："芭蕉叶叶自高清，一叶才舒一叶生，恰是灵苗抽不尽，漫愁风雨作秋声。"

芭蕉葉～自高清一葉繞舒
一葉生終是靈苗抽不盡浸
愁風雨作秋聲
丙戌七月吳郡碩青瑤題

丙子秋昌人張爰

张大千《墨荷》

尺寸: 28x38（厘米）。

题识: 豁度仁兄法家正之。己亥三月，张爰。

铃印: 张爰长寿、大千富昌大吉。

来源: 香港佳士得 2013 秋季拍卖会。

　　张大千（1899—1983）画荷妙在善用动感泼辣之笔墨营造静谧诡秘的意境。运笔纵横开阖，随意挥写，同时也重视笔力的控制，有轻有重，有虚有实，超出了形似的境界，重在表现物象的内在精神。本画荷叶全用粗笔挥扫，叶块披盖，荷叶不勾勒，全以没骨呈姿。枝梗长伸，有长枝蔽日，有短柄临水，不雷同，不平板，着墨浑融而摇曳多姿，浓淡里现出变化。花头用淡墨空勾，莹洁如玉。花瓣的尖端是用浓墨复勾，略加点染，来加强它的精神和气格的清新。白荷绽放，俱呈迎风起舞之动势。全画笔墨纵放淋漓，气度豪迈，不仅传达了画家用笔用墨的基本功，还使人领会其爱荷花的娇艳和姿态缤纷，更推崇荷花的秉性高洁之气质。荷花清雅不俗，温馨芬郁，隐逸绝尘，这与大千先生不向世俗低头的倔强个性相吻合。题识舍弃粗放率意，改以细谨为之，规整有序，书画相衬，别生韵致。

乙卯之月爰寿

陆俨少 书法《翰墨因缘》

尺寸：42x65（厘米）。

释文：翰墨因缘。

题识：辛未岁暮。八三叟陆俨少。

钤印：俨少长寿、宛若大年、晚晴轩。

来源：1992年直接得自画家本人。

著录：《曜湘居藏画》第81页，团结出版社，2005年。

1992年1月某天下午，笔者于深圳红荔花园陆俨少（1909—1993）先生寓所内，谈论正欢，只见陆老在笔者携去的册页上，以迅雷会骤之势，题写下"翰墨因缘"四个大字，且又在笔者未回过神来那一刻，落款、钤章已经完成了！这让笔者领略了一回俨少大师行笔驰疾之精彩。

陆俨少书法具天真雅趣，出神入化，柔中有刚，绵里藏针，平润圆劲韵味；自然而不做作，隽逸而富有变化，其结体奇峭而不怪诞，章法放达而自出新意，流露出一种潇洒自然、行云流水般的书卷气，富有节奏感与韵律感。

书法一道，足以使陆俨少名世。

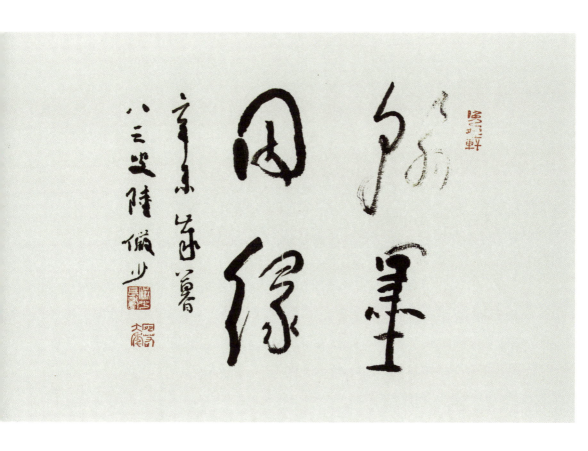

翰墨因緣

辛未年暑 陸儼少

73

陆俨少《梅石图》

尺寸：40x48（厘米）。

题识：乍几日，好景和风，次第一齐催发。李清照句。

　　　　德治医师正之。陆俨少写意。

钤印：俨少、宛若、嘉定、就新居。

韩跋：俨少先生真迹。自谓平生不看梅花谱，而深得冬君之神韵也。

　　　　丁亥元月。天衡。

钤印：韩印、天衡。

来源：广东小雅斋 2017 春季拍卖会。

　　一代画坛大家陆俨少（1909—1993）画梅花是山水之外的一种雅逸之趣。梅干出自陈洪绶（明），而梅朵参以王元章（元）而自成面貌。本幅《梅石图》，老干疏枝，自出新意，行笔拙朴，饶有生气。两枝梅干以干笔为之，枯涩浓淡自然得体，苍劲有力。梅朵勾线劲健，出枝爽朗，细笔圈花，千笔万蕊，别有情韵。叠石勾勒用笔圆润洒脱，用墨厚重滋润，充满立体感和美感。我留意到此梅花图，作者用笔墨明显带有其山水的笔意，皴擦、线条、苔点均留有山水笔法的意味。

75

陈树人《枇杷双雀》扇面

尺寸：18x50（厘米）。

题识：初夏散闲近郊，见人家庭院有此景，佳趣可娱，因为抄生。

二十三年，陈树人。

钤印：树人之印、看破浮生一半。

来源：1997 年购于香港收藏家画轩。

著录：《名家扇画》第 109 页，中国评论学术出版社，2010 年。

陈树人（1881—1948）早年随居廉学画。后留学东瀛，毕业于日本京都美术学校及东京国立大学。与高剑父、高奇峰开创岭南画派，被称为"岭南三杰"之一。陈树人喜作山水、人物、花鸟，尤擅花鸟画。画风清新、恬淡、空灵，独树一帜。

本品是陈树人于 1934 年所画的一帧花鸟画扇面。其间，陈树人开始淡出政坛，与何香凝等一起组织画社，专注于绘画语言的探讨，外来艺术思想与传统绘画精神之间的矛盾开始消融，故其画风更加纯熟。画面中，以苍劲为树干之势，用水墨淋漓显示挺拔刚毅之气，又以新鲜欲滴的朱黄色将枇杷绘于扇画上，遂使画面精神有上升感，在墨与色的对比中则进一步强化了视感力度。画家以墨绿色的树叶、以一双麻雀伫立枝上与枇杷丰盈佳景呼应有致；图中景物的勾勒点染与黑白对比更显层次清晰，意趣的表达也趋于平淡。从中可看出陈树人豪放中不失精微的特点。

77

林风眠《人体》

尺寸：44x41（厘米）。

题识：林风眠。

钤印：林风暝印。

来源：广东古今 2000 秋季拍卖会。

裸女是林风眠（1900—1991）喜欢画的题材。其笔下的裸女，侧重于对青春活力的赞美，颇有东方神韵，通过用柔软的毛笔作画，线条在自由、顺畅的同时，注重线条的勾勒，注重用线造型，用线表达感情，肌肤自然透明，体现出中国式的行云流水，更有中国线条的韵味。《人体》，屈腿而坐闺房里的少女躯体优美而温柔，神情恬淡而宁静。画面画得满满的，几乎没有留白的空间，裸女以顶天立地的造型占据了画面的大部分空间，身后素色的纱帘为画面增色不少，既渲染了优雅洁净的氛围，又加深了画面的空间感，将观者的视线引向光线的源头——明媚灿烂的阳光。柔和的光线透过纱帘照在少女透明的肌肤上，纯真而圣洁。画家以富有弹性的轻快用笔勾勒人体，以毛笔特有的韵味表现人体的曲线美。

林风眠《枝头小鸟》

尺寸：27x33（厘米）。

题识：治容同志正。林风眠。

钤印：林风眠印。

来源：2011 年购于北京大千画廊。

著录：1.《中国当代书画市场圈点》第 92 页，中国文联出版社，2005 年。

2.《澄怀观道》第 88 页，中华收藏出版社，2015 年。

在山村长大的林风眠（1900—1991）从小对大自然充满深厚的感情，对自然界的生灵既熟悉又喜爱。其笔下的花鸟是那么动人、可爱。吴冠中先生说："老师林风眠永远是'儿童'，他作品中的感情真挚，赤子之心溢于画面。他画的枝头小鸟是稚气的儿童，是同儿童一样稚气的林风眠内心的流露。他的作品表现了东方诗意、东方情调，尤其表现了东方儿童的天真与梦境。"林风眠以拟人的手法描绘这些鸟儿，多是单纯的形象，稚拙可爱，如同娇小可爱的孩子。

《枝头小鸟》大约创作于 20 世纪 60 年代。画面留白是耀眼的阳光，与黄绿色的叶子融为一体，渲染出一片温馨浪漫的情境，如梦幻般令人神往。伫立枝头的小鸟，由浓淡墨勾出身形，不作细致刻画。丫枝横斜，黄绿色的枝叶与黑灰色团状的小鸟形体相衬相吻。布局讲求节奏和韵律，如同乐谱上的音符上下跳跃，洋溢着画家对自然的热爱，对小生命的怜爱，也是画家自然恬淡心境的显露。虽以寥寥几笔画出，却给人以真实感受，让人不得不佩服画家以自然为基础的概括能力。

赵少昂《烟笼蝶舞七言联》

尺寸：134x34（厘米）。

释文：烟笼柳外春风绿，蝶舞花前月影香。

题识：己巳夏五月，赵少昂于岭南艺苑灯下，时年八十五。

钤印：赵、少昂、我之为我自有我在。

来源：香港富得 2006 中国书画拍卖会。

著录：《养心怡情》第 63 页，台湾艺术图书公司，1991 年。

赵少昂（1905—1998）用长锋山马硬毫笔，创硬毫刚毅之笔，溢不阿之情。其书法擅长主要是诗书画合璧中题画诗的行草书写体，天然璧合，完美合一，人称"少昂体"。这种书体用笔特点是：铁笔模式，硬笔、趋扁，善用侧墨刷墨。一直尽守毛笔的行笔法度，是纯粹意义上的书法形态。用墨特点：所蘸墨汁，一饱、二浓、三干。用硬毫铁笔蘸干浆质感的墨汁，笔合墨情，相得益彰。所得书法，观感自然是与众不同，字字如灼岩石，似铁模铸成一般。所以说，赵少昂的书法也是一绝。敛放俊爽，刚健婀娜，如急泻的山涧泉流，穿越乱石丛中激射跳跃，左冲右荡，但大势连绵一片，韵足神合，独树一帜，井然若画，甚可形容。

赵少昂《双清图》

尺寸：105x32（厘米）。

题识：心迹喜相清。少陵句有心迹喜双清。此画奉赠翰传尊兄，
　　　因易一字。卅年八月，少昂客港之作。

钤印：少昂长年、赵子、少昂、赵、外师造化中得心源。

来源：香港苏富比 2012 春季拍卖会。

　　岭南画派大师赵少昂（1905—1998）擅花鸟、走兽、山水，继承岭南画派的传统，作品个性鲜明，独到地用简单的笔墨表现丰富的内涵。他创造了调色与运笔相结合的过人技巧，预先将几种颜色或墨色，按照想好的次序、部位舔上毛笔的头、肚、根部，一笔写就，下笔时就是颜色的调和之时，色彩的微妙变化完成于刹那间的一笔之中，荣枯毕具，深浅天然，一笔画而具备了"形、神、质"的独到技巧。

　　自古以来，"清"是中国文人画家崇尚追求的一种境界。"双清"图常以梅、兰、竹、菊、石、松、水仙为主要描绘对象，选其中的两种进行组合，表达清幽、虚静的意境与情怀。本图显示，两株瘦劲的翠竹，挺然昂立，直拔秀润，刚中带柔，线条流畅。深浅墨色写竹叶，笔笔散锋有虚实，果断一气呵成，竹叶之间布局又相呼应。一杆老辣梅枝在画面上方横空出现，朵朵盛放的花瓣似迎客招手，物我合一。几只闻香而来的蜜蜂，增添自然情趣的写照。竹的坚贞正直，梅的铁骨幽香，淋漓尽致地抒发了画家洒脱、豁达的胸臆，蕴含着他对简朴生活的追求。

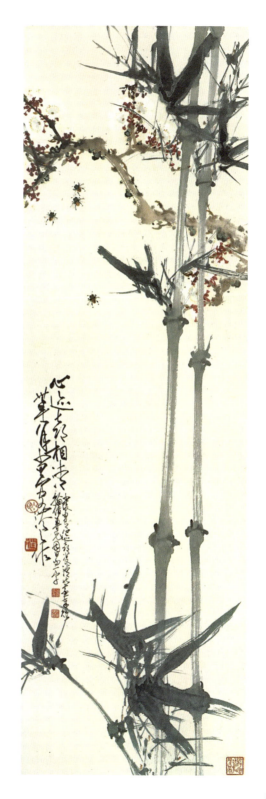

赵少昂、黎雄才、关山月、杨善深《松竹梅翠石》

尺寸：84x152（厘米）。

题识：丁卯中秋，雅集海城楼作画遣兴。黎雄才写翠石，关山月古梅，杨善深苍松，予则以墨竹成之并志，同赠香港早晨播影二千次纪念。赵少昂时年八十三。黎雄才写石。关山月红梅。杨善深写松。

钤印：赵、少昂、关山月印、杨善深。

来源：保利香港 2013 春季拍卖会。

20 世纪 80 年代初，定居香港的赵少昂（1905—1998）、杨善深，长住广州的黎雄才、关山月相聚香港，提出要创作一批合作画以纪念画家之间几十年的情谊。苦于两地交流不便，无法共聚一堂，共同谋篇布局，幸由时任新华社香港分社秘书长杨奇自告奋勇充当使者，来往于穗港两地，将各自未曾完成的作品辗转交换于四人之间来完成"合作"，其中波折和难度可想而知。然而四位近古稀之年的岭南画派大师心照神交，灵犀相通，既敢当大任，又甘当配角；既苦心经营，又能迁想妙得。历时三年，最终完成了近 200 幅珠联璧合的佳作。从每幅作品的局部来看，四位画家有着各自的风貌，但在整体上又体现了一个完整的意境，给人以一气呵成、浑然一体之感，且作品更无一雷同，书写了粤港两地书画交流活动中史无前例的佳话。

1987 年中秋，四位大师作为直播嘉宾，出现在香港翡翠电视台著名的《香港早晨》节目。应主持人的请求，现场挥毫泼墨，表演各自擅长的题材，当着电视机前的观众，四人合作成此幅《松竹梅翠石》。

赵朴初　书法《叶帅诗句》

尺寸：50x37（厘米）。

释文：攻城不怕坚，攻书莫畏难。科学有险阻，苦战能过关。

题识：叶副主席诗。一九七八年，赵朴初。

钤印：赵朴初。

来源：广东小雅斋 2018 秋季拍卖会。

赵朴初（1907—2000），我国卓越的佛教领袖，杰出的政治家、书法家。其书法源于苏轼书风，以浓郁的书卷气胜场，极大程度上地将"贵和尚中"这种中华文化的精神核心展现出来。赵朴老不过分追求技法的完善和丰富，而是以意行之，书写胸中郁勃之气，用"返璞归真，悟初笃静"这八字来形容赵朴老书法的风格特色和笔墨精神，是再恰当不过了。赵朴老的书法作品整体章法常取疏淡格局，行、间距明显，字字形断而意连，疏密有致，自然一气，不骛造作，形似苏体，但又比苏字灵秀。用笔墨饱和，墨韵丰腴，偶有飞白而无枯笔，古拙而灵动，苍劲而洒脱，胜在趣韵，给人一种平和大度、雍容不迫之感。

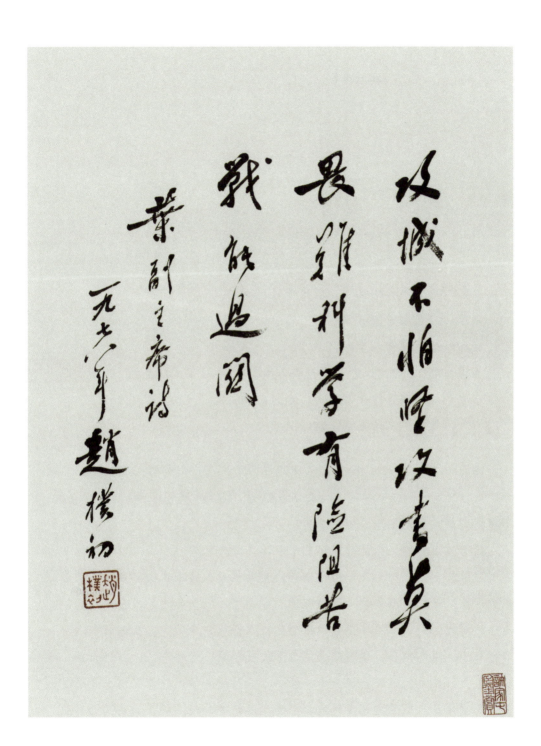

攻城不怕坚 攻书莫畏难

科学有险阻 苦战能过关

叶剑英希诗

一九七六年 赵朴初

徐悲鸿　书法《游罗浮山诗》

尺寸：64x42（厘米）。

释文：冲虚观上驾云游，飞瀑喧天豁倦眸。

沦落半身蝴蝶梦，昭然今日到罗浮。

题识：廿六年五月游罗浮山，悲鸿。

钤印：悲鸿癸未以后作。

来源：浙江浙商 2012 春季艺术品拍卖会。

著录：《中国近现代书画十二大名家精品集》（四）第 114 页，

保利艺术博物馆，2012 年。

1937 年 5 月 22 日，徐悲鸿（1895—1953）在广州市省立民众教育馆举办个展。展览之余，他游览了岭南诸多胜迹，此《游罗浮山诗》即作于是时，书赠随行的学生张安治，以为留念。

徐悲鸿用一首游感诗概述了整个罗浮山的迷人景色和令人难忘的感受。用笔果敢肯定，无拘无束，结合篆书线条的质感，行书线条的流畅，隶书线条的稳重，既沉着厚重却又轻快飘逸。字与字、行与行之间，不求刻意间距大小、对比，整篇书法在平稳中求变化，在变化中更稳重，反而让书法更加酣畅淋漓。用墨饱和，使这篇书法更加大气磅礴。这幅书法，心性自然，轻松写来，一派文人不经意的散淡和儒雅，徐悲鸿的学问修养和书卷气跃然纸上。反复读诗，感觉就是徐悲鸿自己的生活情趣和时局的抗战热忱的写照。这在徐悲鸿书法作品中是不可多得的力作。

冲霄觀上駕雲遊
飛瀑喧天谿倦眸
淪落半身蝴蝶夢
昭然今日到羅浮

遊羅浮山　卅六年三月　悲鴻

徐悲鸿《猫》

尺寸：66x38（厘米）。

释文：寂寞谁与语，昏昏又一年。

题识：悲鸿，辛巳。

钤印：江南布衣。

来源：广东小雅斋 2018 春季拍卖会。

　　徐悲鸿（1895—1953）笔下的猫，各种动态都有，逼真传神，双目如炬，炯炯逼人。本件创作于抗战期间的《猫》，包含着画家以怒猫象征不畏强权的斗士、为祖国的前途命运担忧的成分。图中，猫在岩石上，坐立怒目，精神矍铄，笔法简练精到，寥寥数笔，猫的神态气势已跃然纸上；岩石用淡墨勾线，赭石渲染，衬托出石质坚硬感。这是一幅徐悲鸿画猫得意之作。

安寞誰與語
又一年
悲鴻

93

高剑父《书法》

尺寸：73x33（厘米）。

释文：闭户终年懒出游，北山山色可消愁。何时一扫胡尘尽，
　　　更约同吟太华秋。

题识：佩惠世讲清属。卅六年春，剑父。

钤印：嵛。

来源：广东融德国际 2011 四季拍卖会。

著录：《澄怀观道》第 126 页，中华收藏出版社，2015 年。

　　高剑父（1879—1951），1906 年赴日留学，毕业于东京美术学院。回国后创办春睡画院，开门授徒。创立"岭南画派"，成为一个不可或缺的重要美术流派。

　　高剑父的书法风格，用鸡毫笔以淋漓尽致的草书呈现，笔势曲折多变，笔画或粗或细，墨色或浓或淡。纵笔如枯老之藤蔓，横笔如垂死之枝丫，看似拙笔，实则意趣横生。他这种以怪异、癫狂的意境出现于中晚期的书法风格，被称为"枯藤体"。虽是言其"枯"，但并非指缺乏活力，而是指其一种形态，一种苍劲而独具个性的品格。虽然高剑父不以书法名世，但以其独树一帜的"枯藤体"而言，即使将其置于近现代书家群体中，也是未遑多让的。

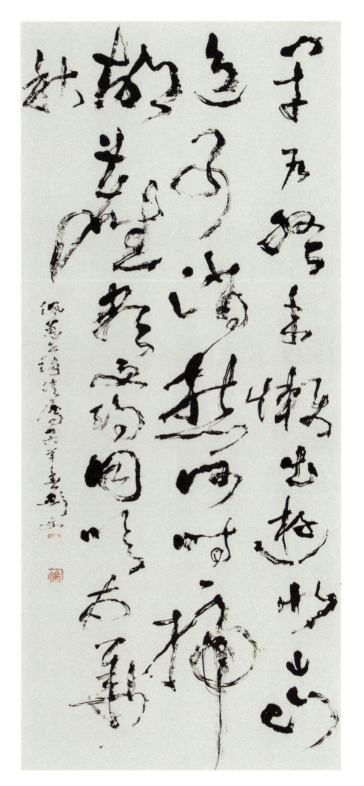

高剑父《空谷素颜》

尺寸：91x33（厘米）。

释文：叶凄凄，风雨急；女萝寒，山鬼泣。

题识：廿九年秋，剑父客澳作。

钤印：广州番禺县、老剑乱画、为五斗米折腰。

来源：香港苏富比 2012 秋季拍卖会。

　　高剑父（1879—1951）在艺术创作上，对人物、山水、花鸟均有很高的造诣，其作品多用水墨渲染，墨卷波涛，笔缩云烟，深浅远近，诗意盎然。他画兰花具强烈的个人风格特征：用淡墨体现兰花润透、雅逸之特性；兰花的叶子，出笔画劲利，一笔之中，起伏、断续，提按转折清晰；前实后虚、实笔不肿、虚笔不浮，尽显空间深度；兰花层次变化微妙，有花挡叶或叶挡花，枝穿叶处理清楚，藏露含蓄；主茎兰花显弧线形向下弯曲，其势伸向了画面下方；用笔尖淡墨果断地绘兰花花瓣，犹如写草书般爽快、潇洒；等等。

　　中国人历来把兰花看作是高洁典雅的象征，素有"空谷佳人"、"王者之香"的雅喻，并与"梅、竹、菊"并列合称"四君子"。本品《空谷素颜》凸显高剑父的写兰花特征，从右上向左下以富于草书意味的娴熟笔法，采用传统的表现程式绘制了数株兰花，右边以狂草书法题识。画面挥洒自如的笔墨，款字印章相得益彰，颇有李鱓、郑燮这些扬州画派翘楚的韵味。

唐云　书法《月到中秋分外明》

尺寸：41x65（厘米）。

释文：月到中秋分外明。

题识：小湘先生庚午中秋属书，杭人唐云。

钤印：唐云之印。

来源：1990 年直接得于作者本人。

著录：《唐云遗作选》第 71 页，中华收藏出版社，2013 年。

1990 年 9 月 28 日，广东画院展厅举办"赖少其、唐云书画展览"。我往东方宾馆拜访下榻于此的唐先生。当年恰逢中秋国庆同期，唐先生写此幅书法贻之应节。

唐云（1910—1993）书法有简远萧疏、枯淡清逸的特有风格。其书既遒劲、精美，又率意、简逸；峭拔奋张，结构严密，一撇一捺显得静中有动，飘然欲仙，姿态横生，得自然之妙。唐先生之书法乃贯通篆隶以求其质，融会百家以求其形。学颜鲁公（唐）之雄厚而能淡古之韵，学倪瓒（元）之简逸而能具浑沦之趣。不以一法而落笔，不以一长而取妙。可谓不袭不蹈，是一位善学善化的杰出艺术家。

月到中秋分外明

小湘先生庚午中秋多书

龙人唐云

唐云《三清图》

尺寸：66x46（厘米）。

释文：石上生兰竹，清幽见一心；何须式奇艳，根柢识功深。

题识：芦荻诗。朝泰同志属，辛酉春，唐云作于羊城。

钤印：老药、唐云唯印、大石翁。

来源：2000年得自上款人家属转让。

著录：《唐云遗作选》第32页，中华收藏出版社，2013年。

这是一幅代表唐云（1910—1993）艺术风格的作品。竹叶兰花画法奔放自如，墨色浓淡相间，富有层次。石头画法也简率放逸，形象洗练。兰竹石图，意境空灵，回味无穷。秀竹，以形写神，追求适意舒和、端雅渊静之意，正所谓君子之气，劲而不怒，逸而不散。幽兰，通过对兰花的描写抒发内心之逸气，笔下之兰具有脱俗的飘逸之气与野趣。

本幅《三清图》妙作，满纸清韵。石头、兰竹多用行书的笔法，勾、擦、皴、染大多中锋参以侧锋。秀竹用笔流畅，显临风飘动、活泼自然；幽兰吐蕊，芳香四溢，颇为生动；拳石用粗线勾斫，点苔擦染并用，圆润而笔笔饱满。笔墨则于干枯中见秀润，干湿相间而总体清淡，在熟练中见生涩，有很强的抒情意味。"一叶一清静，一花一妙香，只些消息子，料得此中藏。"画面诚如石涛（清）诗句，清香四溢的兰香隐逸于竹石间，呈现出浓郁的文人书卷气。

石上兰竹清幽見之使人頓生奇豔
根柢織珍深盧翁萩詩

朝春同志多辛酉春
唐雲作于羊城

101

唐云《知有新移卖酒家》

尺寸：68x45（厘米）。

释文：小桥南去深深路，知有新移卖酒家。

题识：为刘岩同志属即正。庚午中秋后一日，杭人唐云画于羊城。

钤印：唐云之印、大石翁。

来源：1990年10月得于上款人刘先生转让。

著录：《唐云遗作选》第72页，中华收藏出版社，2013年。

唐云（1910—1993）山水画，笔墨雄健，于豪放中富静穆之气，秀劲苍润，意境深邃，收奇境于胸中，吐烟云于笔底。

本幅山水画，以浓淡、繁简、湿燥等皴擦之法，横直交错，秀灵而坚实，披麻皴的山石破笔，水墨的渗化和笔墨融合，使山势更显苍莽，山色更现氤氲气象，墨色干湿浓淡恰到好处。画面中，画风细腻地描绘了美丽的江南山村佳景：绚丽多彩的树叶，近景中景的树石，晚霞迷离中若隐若现的村落，江中独钓，小桥横卧，桥边绿柳树林中挂着一幅迎风招展的"酒"帘；画家运用自如地把他熟悉的山岭、溪流、田野、酒铺等付诸笔端，活灵活现、流畅如泻地描绘山村乡野郁葱绵亘、一览无遗的佳景，令人心驰神往，仿佛置身于幽美静谧的秋色美景之中。唐云先生以石涛（清）笔法构筑一幅石涛诗意的山水画，"笔底山香水香，点画烟树苍茫"。

小稻南
去深深
知有新
移賓酒
家的
劉鸞寄志
多師正
陝中中秋
後日
於一塔雲
烹茶草城

103

唐云《荷塘蛙趣》

尺寸：89x48（厘米）。

释文：两个青蛙鸣咯咯，墨翻蝌蚪影翩翩。

更添几笔清塘水，画出江南四月天。

题识：辛未春，杭人唐云并题。

钤印：大石千秋、唐云之印、药翁。

来源：广东益诚2013中国书画拍卖会。

唐云（1910—1993），海上画派中的一位大家。其性格豪爽，志趣高远，艺术造诣极高，擅长花鸟、山水、人物画。花鸟画取法八大、金冬心、新罗山人等诸家，潇洒多姿。

本作品画面突出地表现了极为个性形态、曼妙多姿的马蹄莲，背景点缀着迎春花，徒增了几分热闹的春意。花下有两只憨态可人、充满立体感的青蛙在观望着远处的一群小蝌蚪在荷塘里欢畅地游玩，洋溢着一派自然界、动物界的亲情。滩涂、水岸线显透视感，水草充满弹性和交错的韵律，青蛙在"咯咯"地鸣叫，小蝌蚪在波浪中浮游，好一个江南四月天。整个画面的内容简练概括，笔墨简约，表达了画家在似水流年中显露出一颗思乡和童年回忆的心境，让不少的过来人感到唏嘘与感叹。

唐云《雄鹰图》

尺寸：137x68（厘米）。

题识：杭人唐云画于大石斋。刘忱同志属，唐云又记。戊辰之冬。

钤印：唐云印、药翁、唐云之印、大石翁。

来源：广东融德 2011 名家精品拍卖会。

著录：《唐云遗作选》第 44 页，中华收藏出版社，2013 年。

唐云（1910—1993）是一位难得的全能画家，山水、人物、花鸟无所不工，水墨、色彩、写意俱极精妙。唐云晚年的作品最显著的特点是浑朴老辣，挺拔隽俏，线条具备一种金石韧性且勾画精准，穿插有致，既符合实际的形态质感又不失笔墨高格。

本幅《雄鹰图》，气势旷达，大胆落墨，简洁的笔致，渗化的墨韵，赋色的对比，黛蓝的点染，在笔墨纵横中尽显鹰的英雄本色。画幅中雄鹰独立于碉石之上，傲视苍茫大地，气宇轩昂，豪气凛然，寓坚韧不拔、永不言弃的奋斗精神和百折不挠、无所畏惧的超越品格。用焦墨法挥写鹰翅羽，鹰的头部用严谨的写实技法，鹰的面部、眼睛采用多层染色而显得神采奕奕。于碉石下绘苍劲挺拔的墨竹，更添加一层一览众山小之意。画面疏密合理，虚实生动，整体与局部的刻画，用笔徐疾变化，舒展与秀润的结合，展现出作者高迈的志趣与愈老愈浑厚苍健的笔力，堪称精品。

黄君璧《长青图》

尺寸：87x176（厘米）。

题识：君良仁弟属。辛丑夏夜，君璧。

钤印：黄君璧印、白云堂、画常道也。

来源：保利香港 2015 春季拍卖会。

黄君璧（1898—1991）自幼便喜欢涂抹丹青，在校早期研习西方素描与色彩，后期专攻国画。青年时代常临摹宋、元、明、清等朝代名家名作，奠定了他敏锐的眼光和深厚的笔墨功夫。其学习石溪的干笔皴法，令景物茂密，山水肌理呈现苍劲圆润之势；他承袭石涛的墨韵淋漓，设色简朴，浑厚华滋。20 世纪 50 年代移居台湾后，用笔愈见粗厚扎实，善用中锋、侧锋描绘山水，常施浓墨，又常轻快地点染营造林木葱郁的氛围。

此图以写意手法描绘南国山水。画面视野寥廓，层峦叠嶂，峰回路转，云蒸霞蔚，景物壮丽，气势奔放。近景远景交融，极得云水浮峦之趣，清幽和穆之妙。近处绘两棵老松，高高耸立，描绘细致，笔墨老到，勾染皴擦流畅自如，极见功力，将错落有致、繁缛茂盛的松针，透逸挺拔的老干，乃至鳞皮、结疤均表现得活灵活现，充分显示出画家山水画精湛写实的艺术成就。

捷寫聲馬邊
飛勢六月
生寒起
卧龍
蔣一安題

109

黄胄《五驴图》

尺寸：82x26（厘米）。

释文：了无追风逐电材，漫劳子厚代剪裁。

不随骚人踏雪去，愿由孺子驱使来。

题识：辛酉初春，黄胄。

钤印：黄胄、黄胄之印。

来源：1991年得于深圳藏家王先生转让。

著录：《小湘藏画三十年》第58页，中华收藏出版社，2014年。

1992年3月，海上名家唐云先生为此幅作品题跋后对笔者讲："题字要配合画面构图及经营位置。我这个题字似一片生机勃勃的青草，吸引着毛驴，题字是有讲究的。"

1996年5月，书画收藏大家、憨斋主人吴南生先生指着画上方的诗文对笔者说："这首诗是我专门为黄胄画毛驴而创作的。"

黄胄（1925—1997）是闻名于世的画驴大师，终生绘制了数不尽的驴子形象。此幅《五驴图》，黄胄用速写的手法快速抓住了五头毛驴的神态，简练的笔意和流畅的线条体现出画家高超娴熟的技法。用笔奔放自由，毛驴体硕灵活，墨色浓淡巧妙搭配，又构成了远近的立体效果。画面整体疏落有致，静动结合，毛驴姿态组合自然，神采各有不同。这些独具生活气息的毛驴，被黄胄的画笔演绎得恰到好处，也俨然升华为一种带有灵动气息的生命意义和精神寄托。

可无追风逐电才
材漫夸骅骝厚代
剪裁又随骥人
踏雪志愿虫蝽
得鱼住来 辛酉秋志 黄胄

黄胄宋州阳阜
文德之长人作画
经营迁造虽劲
考廷值其极
人瘦物与骡犬
其绳珠马戳犬
发其写外之
天真活泼外少
仟纤以慢少
水湘贤友问
听预有骡能
之珠布绾密
劳重五年二月
九日后三朝
唐云敬

黄胄《四驴图》

尺寸：65x44（厘米）。

题识：壬戌年初冬，黄胄写于望稔堂。

钤印：黄胄之玺、蠡县梁氏。

来源：2009 年得于香港藏家方先生转让。

著录：《小湘藏画三十年》第 59 页，中华收藏出版社，2014 年。

　　黄胄（1925—1997）画驴，准确生动地表现了毛驴的种种姿态，层次丰富，出神入化。本幅画面所见，只寥寥几笔，就把几头活泼可爱的毛驴跃然纸上，它们或调皮玩耍，或行走漫步，仿佛地面即是草坪，毛驴漫步其间，生气盎然。浓淡粗笔的驴身、浓墨细笔的驴腿、似写草书般的驴尾，明暗转折处的墨色过渡处理，准确而细腻。画家把驴筋肉的结实、毛皮的坚韧、鬃毛既蓬松又硬挺的感觉都描绘出来了。布局上，疏密安排得当，由近而远，由大及小，精彩纷呈。这无疑是黄胄画驴造型与笔墨高度统一的最佳表现。

113

黄胄《猫》

尺寸：84x49（厘米）。

题识：广铎同志正。一九七九年，黄胄写。

钤印：梁黄胄印。

来源：浙商 2010 秋季艺术品拍卖会。

画坛名家黄胄（1925—1997）把速写的观察方法与表现方式引入了中国画的基本训练和创作之中，所画的人物、动物，造型准确生动，笔墨豪放自由，打破了种种窒息创作的陈规，使传统中国画贴近了现实生活。

黄胄擅长画驴，其实画猫同样精妙。此幅画面水墨淋漓，线条流畅有力，构图极为巧妙，捕捉了猫的表情。图中，用写意画法绘猫的毛；用精细的笔法展现猫的眼睛；用大笔横涂竖抹，不必丝毛，仅勾猫须，但毛茸茸的猫皮毛质感还是纤毫毕现。远观猫与竹石浑然一体，近观猫双眼如精灵般的光芒寄越时空；盘石上的猫形态坐而欲扑、静中寓动。画家将场景调理得井井有条，足见其处理场面的巧心匠思。

115

黄秋园《秋山人居》扇面

尺寸：18x52（厘米）。

题识：半个僧。

钤印：秋园。

来源：1997年购于香港收藏家画轩。

著录：《名家翰墨》46期第16页，翰墨轩出版社，1993年。

黄秋园（1914—1979）先生的山水画艺术，是继宋、元画家，以及黄宾虹、李可染以后山水画发展的又一里程碑。黄秋园的山水画是以十足传统的面貌出现的，以其高超的意境和娴熟的技艺展示出强大的艺术魅力，使中国画传统的无限生命力给予人们很有力的启示。秋园先生的骄人之处，在于其积墨的运用。处处见笔，处处是点线，又笔笔相生相应，组成点的聚落与线的群体，以聚落与群体交错叠压，在清晰中求浑成，在神贯气运中见苍莽，取得了浑厚而不凝滞，华滋而氤氲满纸的奇效，如闻天籁，如奏笙簧。

本幅作品，笔简意繁，布置巧密，描写自然，干湿互用，用色浓艳清雅，意到笔到，一气呵成，呈烟岚迷蒙、草木华滋的神韵。用花青勾勒皴擦，再以淡赭色作铺垫，使之色墨浑然一片。所绘山头、溪水、丛树、茅屋、小桥等具有主体感，有深度，拉得开距离，达"可游、可玩、可居、可行"的境地，传神般地呈现出秋山人居的胜景。秋园先生的山水创作是根据自然景物的不同变化而演绎成自家风范。在这灵动多变的笔墨中蕴含着自己的笔意、自己的情感、自己的意念，并化为自己笔墨技法的情蕴，让人在雄逸厚重中感到了与之相生的空灵。

黄宾虹《黄山峰峦》扇面

尺寸：18x51（厘米）。

款识：般若道兄六法浑厚华滋，已得南宋正传，今写黄山峰峦一角，
未卜有合古意否，即希博粲。宾虹。

钤印：黄。

来源：1997 年购自香港翰墨轩画廊。

著录：《小湘藏画三十年》第 13 页，中华收藏出版社，2014 年。

黄宾虹（1865—1955）山水画艺术，是继宋元以来山水画发展的又一
里程碑。中国山水画创作的成功与否，关键之一在于丘壑内营。山水画并
不要求机械地去描绘实景，而是以心接物，借物写心，不为自然景物所囿，
是借笔墨抒发满怀情意。宾虹先生的构图章法、经营位置之所以不落恒蹊，
出奇制胜，使览者极有新鲜感和谐美感，主要是得力于他对祖国山山水水
的独特理解。

1931 年 1 月，广东画家黄般若北游，道出上海，与黄宾虹昕夕过从。宾
虹先生作《黄山峰峦》扇面贻之。此时宾虹先生的山水画风，呈现出其中
期的风格特征，从清逸疏朗逐步向浑厚华滋演变，作品多呈郁勃苍莽、拙朴
秀润的风格。整个画面山形陡峭，折落有势，山峦叠嶂沉浸在一片朦胧暮
霭之中。幽静的小路上，一高士挂着拐杖，沿着山道孑然而行，曲径通幽
的山径直通峰峦深处。这怕是黄宾虹对自己多年来，在弃政后不得已而遁
入艺林，最终进入道法自然的大世界的内心冥幻世界的真实写照。此作在
那淋漓氤氲、乱而不乱、齐而不齐、歪歪斜斜、斑驳陆离的笔墨挥洒中，
映现出一个苍茫莫测、浑厚华滋的宇宙天幕，展示了一个颇具抽象意味的
现代艺术景象。

119

黄宾虹《谿桥烟霭》

尺寸：89.5x36（厘米）。

释文：谿桥烟霭。

题识：壬辰。宾虹，年八十又九。

钤印：黄宾虹、取诸怀抱。

来源：香港苏富比 2012 秋季拍卖会。

在中国传统绘画中，笔墨负载着浓厚的文化内涵和独特的审美价值，成为其艺术方法、艺术形式和艺术风格的代名词。黄宾虹（1865—1955）强调墨以笔为筋骨，笔以墨为精神，笔墨互为表里，相辅相成。他不仅有自己独特的笔墨理论，并在实践中发挥到极致，从而形成了黑密厚重、浑厚华滋的全新画风。

《谿桥烟霭》，作于1952年，笔意逸宕，以斑驳凝练的墨线勾勒山石树木的形质，再用湿笔点染，加上那几笔淡墨而成的远山，具有一种超越视觉的感觉；近景丛树枝干运笔含蓄，上下映带，凝神静看，层次分明；山体施以淡赭色，山脚与山阴面点少许花青墨，笔笔清晰，色不碍墨，墨不碍色，相得益彰，顿让人感到黄宾虹大师的山水画具有甚高的艺术欣赏价值。

康有为　书法《食鲥赋诗》

尺寸：111x51.5（厘米）。

释文：寥天一处红云虚，绝好江山合定居。

　　　不为秋风岁鲈脍，应来山上食鲥鱼。

题识：游焦山食鲥最佳，赋此。康有为。

钤印：康有为印、维新百日出亡十四年三周大地游遍四洲

　　　经三十一国行六十万里。

来源：香港保利 2017 年春季拍卖会。

　　康有为（1858—1927），晚清时期重要的政治家、思想家，戊戌变法的首领。他的学生中，梁启超、谭嗣同、王国维、马君武、徐悲鸿、刘海粟、萧娴等在文化艺术领域中均有建树，说明康有为也是一位教育家。本作品以平长弧线为基调，转折以圆转为主，体现了长锋羊毫所发挥出的特有粗拙、浑重、厚实的"康体"效果。运锋自然，结体舒张，有纵肆奇逸之气派。

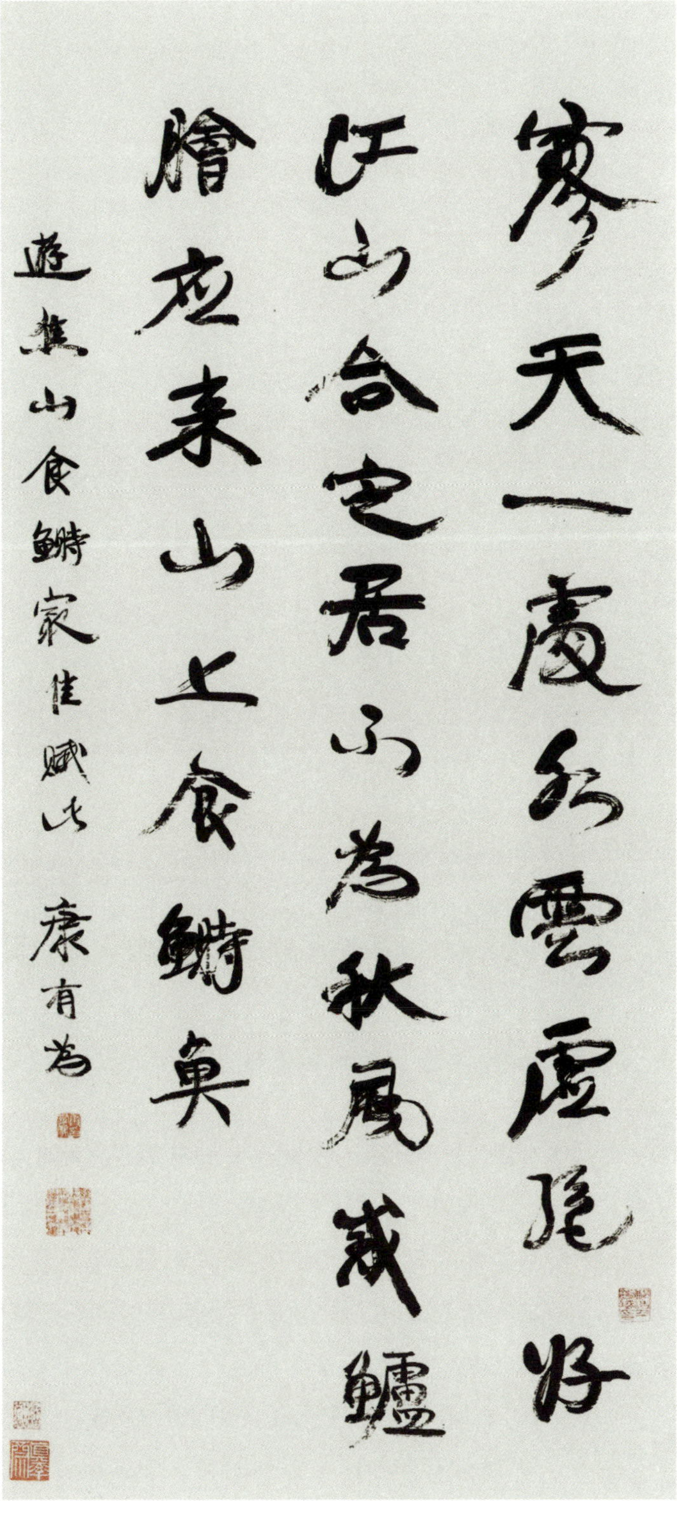
寥天一處紅雲屋隱好
江山合宅居不為秋風藏鱸
膾夜來山上食鰣魚
遊焦山食鰣家佳賦此 康有為

程十发　书法《福德》

尺寸：59x42（厘米）。

释文：福德。

题识：汉石刻有此字。程十发书。

钤印：程潼十发之钵。

来源：1994年得自广州藏家程先生转让。

　　程十发（1921—2007）的楷书主要取法于汉隶，波磔有明显的隶意，用笔绵密流动，气息高古。此《福德》书法作品，结体方整端丽，行笔富于起伏顿挫，横画露锋起笔，回锋收笔，圭角明显。通篇显示瘦劲神通、风姿绰约，意境空灵简远、清新自然。1994年，笔者从广州程姓藏家手中购得此幅书法，然被多位"专家"定为赝品，于是乎赴沪吴兴路程十发府中求鉴。十发老拍案：真迹无疑！并题署："小湘先生存，甲戌秋，十发。"众专家见十发老题字后，方始息声。可想当年笔者对十发老书画鉴赏是何等贻笑大方。

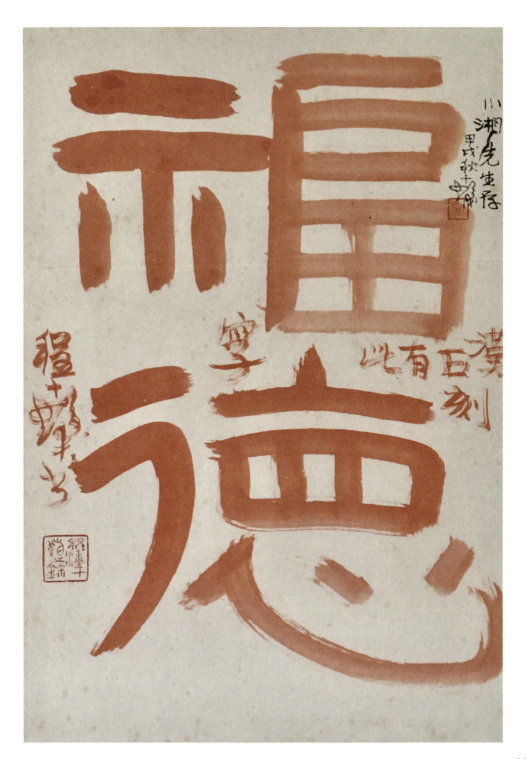

福德

程十发　书法《龚自珍诗》

尺寸：67x45（厘米）。

释文：浩荡春风日日斜，吟鞭东指即天涯。

落红不是无情物，化作春泥更护花。

题识：苏烈同志属教。癸亥新春，程十发书龚定庵诗于五羊城。

将墨迹改为麻雀。程十发记。

钤印：程、十发、十发。

来源：广东古今 1999 冬季中国书画拍卖会。

著录：《小湘藏画三十年》第 98 页，中华收藏出版社，2014 年。

上海国画院院长程十发（1921—2007）先生的书法艺术有着极为独特的风格。他自小临池过程中融合古今书法家之长，结合各种书体，碑帖相融，南北兼收，互相渗透、借鉴、参照，形成了其"画家书法"所特有的形式美与书卷气。

本件书法，十发先生书写清代诗人龚自珍的《己亥杂诗（其五）》。书法结体在草书、汉简之间。行字软润流畅，多圆笔，少方笔，中锋、侧锋并用，布局开阔大气，自由奔放，气势雄浑，独具个性而又古意盎然。在书写过程中发生有趣的小插曲：毛笔尖有一滴墨落下在宣纸上，十发先生见状，十分巧妙地在滴墨上描画了两只小麻雀，遮盖了那滴墨迹，借势将一篇书法演绎为一幅书画作品，显示了十发先生的敏捷才智。

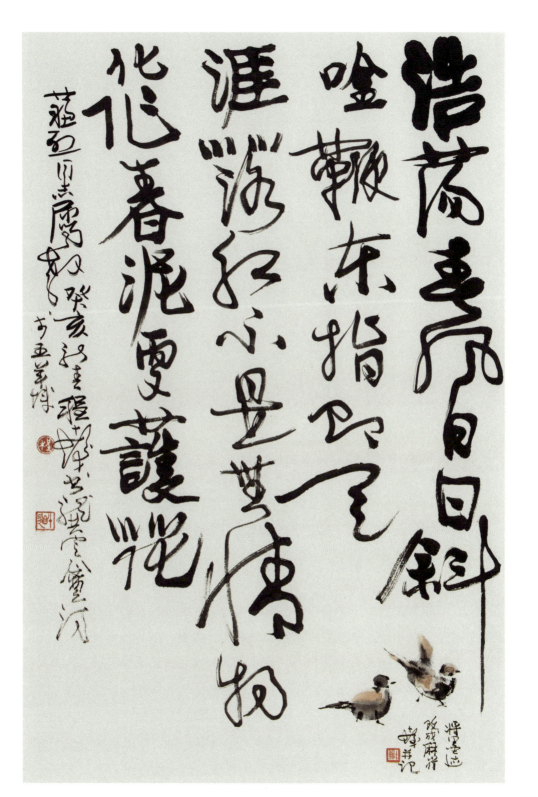

浩荡离愁白日斜

吟鞭东指即天涯

落红不是无情物

化作春泥更护花

127

程十发《吴牛泗水》

尺寸：40x55（厘米）。

释文：吴牛泗水。

题识：写赠少湘先生法教。乙亥早春，程十发漫笔。

钤印：十发。

来源：1995年直接得自画家本人。

程十发（1921—2007）先生的国画得益于长期的连环画实践，长于构图造型，笔墨变化自如，富于表现力和现代感。其特异的样式独立于当代人物画坛，影响至今连绵不绝。

本画用粗线条加墨块浑染一头河水淹浸到脖子上的大水牛，牧牛少女，头戴竹笠，骑在水牛背上，安稳如舟，正悠闲地泗水渡河。画家用老辣的笔触来传情达意：水牛经过一天劳累后得到了泡水、喘气、小憩的片刻，牧牛少女举手投足间反映出优哉游哉的自然美感。少女骑牛泗水造型占据了画面的上半方，下半方则留出大块空白，喻宽阔的河面。它告诉观者，在这片与自然之物心交神往的天地里，仿佛取得了更多的自由，枯润相间的笔法，云走霞飞的墨法，有着更多的内在美和形式美相结合的妙趣，既从中感受到前辈陈老莲、任熊线描的神韵，又体现出十发先生深厚的线描功力。

吴牛泅水
密野
少湘先生遠紋
乙亥早春
程十髮涇

129

程十发《双吉图》

尺寸：68x45（厘米）。

款识：乙丑仲春，程十发。于三釜书屋。

钤印：程。

来源：保利香港 2016 秋季拍卖会。

程十发（1921—2007）对于工笔、写意或兼工带写等各种画法都很熟悉，画功扎实，技法上独创一格。他所画的许多花鸟，基本上不加勾勒，依赖色块的积累而形成准确的形象，可用"彩中有线、线中蕴彩"来形容。

《双吉图》画面的上方，以藤黄、淡青色、赭石色、浓墨等，用近乎速写的写意笔法，用彩中有线的手法，描绘了睡莲、百合花科植物，新奇大胆，兼顾了传统国画所讲究的有笔有墨、气韵生动、形神兼备。在画面的下方，用大笔挥写而成的一只大公鸡和一只大母鸡，双双坐立在门前一块大石头上，昂首挺胸、精神饱满、器宇轩昂、神采飞扬。作者用饱满弹性、跌宕起伏的笔触线条画出两只鸡圆滚滚、胖乎乎的身躯，又借鉴了民间剪纸中的技法，缩小了鸡的翅膀，夸大了鸡屁股造型，显得更为生动、气派、精神。

1991 年冬，我往上海拜候十发老。属鸡的十发老知道我亦属鸡，十分开心，大呼"与鸡有缘"，当晚的程府饭桌上就有一碗美味的"红烧肉加蛋"。2017 年，是我本命年，此前见香港保利拍卖会上有十发老的这幅《双吉图》，竞价得之，收入箧笥。

131

傅抱石《赤壁图》扇面

尺寸：18x51（厘米）。

释文：赤壁图。

题识：德酬先生教正。甲申端午后一日，写于重庆西郊金刚坡。傅抱石。

钤印：抱石。

来源：南京经典 2015 春季拍卖会。

著录：《其命唯新——纪念傅抱石诞辰 110 周年》第 52 页，
江苏凤凰美术出版社，2014 年。

傅抱石（1904—1965）是中国近代美术史上一位杰出的画家。他的山水画大气磅礴，酣畅淋漓；人物画生动传神，格调高古。

此幅扇面，取材于苏东坡词意，描绘断崖赤壁下，苏轼（中戴帽者）与其友等三人乘一叶扁舟在水波不兴、浩瀚无涯的江面上，随波漂荡，投入大自然怀抱之中，举杯嘱客，尽情领略其间的清风、白露、高山、流水、月色、天光之美。画家对舟上人物的神态、体态、性格、情绪作了精心描写；头发、帽子、衣领、衣袖及衣襟上用浓墨提醒；苏轼的衣襟端庄，容色忧愁凄怆，深沉严峻，显示他之所思皆跃于纸上；画面右方，写赤壁崖峭，奇险而又苍茫，荒率而晦郁。此画作于 1944 年抗战期间。傅抱石一生颠沛流离，倍尝人生艰辛，他借古抒情，则是为消解现实环境中种种抑郁，追求心灵平和与生活安宁的理想家园的寄托。

谢稚柳《泼墨夏山》扇面

尺寸：18x52（厘米）。

题识：癸亥春日，壮暮翁稚柳写泼墨夏山。

钤印：稚柳（二次）。

来源：广东古今 1998 春季拍卖会。

著录：《名家扇画》第 185 页，中国评论学术出版社，2010 年。

　　此幅扇面，气势恢宏、笔墨酣畅，充满生机活力。从山岩、苍松、盘石，隐于林木深处的亭台着手，时而勾勒，时而点染，时而皴擦，更多的是水墨泼染，水墨淋漓之处，留白的空间让画面透出气来，透出清新，明润气格，一片安宁，几分诗意，几分画意。作品以斧劈皴染与金笺重色比衬渗透，表现出大好河山的峥嵘和雄峻，给人以深厚壮丽的强烈感受。这足显谢稚柳（1910—1997）先生造诣修养之湛深。

谢稚柳《绿梅》

尺寸：37x48（厘米）。

释文：何处月香水影，繁英摇乱晴天。

　　　新握春风词笔，不关觅句逋仙。

题识：海宁同志属正。稚柳。

钤印：壮暮斋。

来源：香港淳浩 2006 冬季拍卖会。

谢稚柳（1910—1997）乃海派著名书画大师，山水、人物、花鸟画无所不精，独冠一时，享誉艺坛。此幅梅花图，从画风来看应是稚柳先生 20 世纪 80 年代初，其 70 岁以后所作。画面可见稚柳先生中年致力于宋元绘画研习的痕迹。梅干似赭色、淡墨、石绿横涂竖抹写成出枝符合自然生态，墨彩交融。花瓣、花蕊淡雅俊秀，造型准确，富于节奏，为其早年精研工笔画法。整幅作品以小见大，美而不俗，雄劲老辣，让人赏心悦目，显示出一代大家的风范。

赖少其　书法《名言警句》

尺寸：67x130（厘米）。

释文：常怀精卫填海志，昭启来者兴中华。

题识：姚美良先生属。癸酉，赖少其。

钤印：赖少其印、木石斋。

来源：广东小雅斋 2017 春季艺术品拍卖会。

赖少其（1915—2000），中国当代著名书画家，曾任安徽省美协、书协主席，安徽省政协副主席。赖少其以其渊博的学识、深厚的修养、奋斗的经历、高尚的人品，学而不倦、精益求精的治学态度，取得成功也是情理之中。

赖少其在师法金农（清）书体的基础上，将邓石如（清）和伊秉绶（清）的书法择善而从，融合于金农的"漆书"中。这一糅合既有金农用笔苍劲、率意的古拙味，也有邓石如以重为巧，还有伊秉绶的装饰美。赖少其书法以金农的书法为主体，方笔取劲利，转折处参以圆浑，大至擘窠榜书，小至绳头真书，无不透露出雄厚的力感，形成了赖少其朴拙奇崛、圆劲浑厚、潇洒飘逸的书法风格。

常懷精衛填海

志昭啟

來者興

中華

姚美良老屬

癸酉賴少其

139

赖少其《黄山深处有人家》

尺寸：60x55（厘米）。

释文：黄山深处有人家。

题识：壬申，赖少其。

钤印：赖、岭东老赖。

来源：广州皇玛 2011 秋季拍卖会。

著录：《澄怀观道》第 200 页，中华收藏出版社，2015 年。

　　1986 年，赖少其（1915—2000）从安徽回故乡广东，定居广州。他的山水画一改往日的凝重，传统水墨与西方印象色感相糅合，增加湿墨的运用，辅以水彩、水粉等颜料，使画面更加柔和明丽，尽显南国清新风采。这一画风转变被称为"丙寅变法"。此后，赖老笔下黄山，写的是精、气、神的黄山，文化气息的黄山。一种氤氲混沌之"气"弥漫于纸上，随手写出，皆为山水传神。在他那纵横挥洒、机无滞碍、颇得壮气而具拔俗之韵的笔墨里，看到赖老完全忘记了线条，从线条中解放出来，沉醉于他所领会的精神意境。那种苍涩、老辣而散漫无拘的墨线与浓重、鲜亮而又任意泼洒的色彩混合交织，活灵活现，一片生机，大化之真与生命之真交相映照，一洗尘襟俗韵。进入虚静之境，下笔才能洗尽尘埃，独存孤迥。

黄山深霞有人家 壬申 賴少其

黎雄才　书法《海瑞诗句》

尺寸：49x83（厘米）。

释文：五指参天五岳呈，四洲导水四山倾。

地脉不缘沧海断，中原垂尽睹全琼。

题识：海瑞诗句。丁卯之冬，时于羊城，雄才。

钤印：黎印、雄才、岭南。

来源：1991年得于海南藏家蔡先生转让。

著录：《名人入琼墨迹选》第32页，海南人民出版社，1988年。

黎雄才（1910—2001），广州美术学院教授、副院长。黎先生的绘画艺术名震中国画坛，在书法方面所取得的成就同样突出，只不过他的书名被画名所掩盖，因画名更盛。

黎先生书法别具一格，有传统的内涵亦有新意。他把书法作为一门必修课，以画画的心态来写书法。其书法以行草见长，上取汉碑，下涉明清诸家，线条敦厚且灵动，用笔极具节奏和变化，重视墨色的变化，结体随势而成，巧妙自然，开合、疏密、收放有度，清新洒脱而不乏古意。

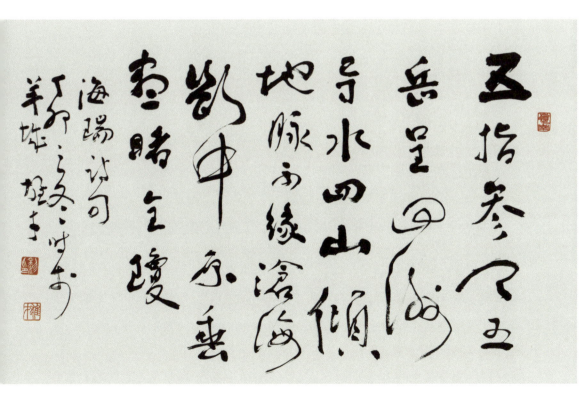

五指参天五
岳望四海
导水四山倾
地脉西缘沧海
凯中永岳
云睹全琼

海瑞诗句

鹏志世年
羊竹

143

黎雄才《观瀑图》

尺寸：68x34（厘米）。

题识：葆华同志属正。一九七七年七月画于北京，雄才。

钤印：黎、雄才。

来源：2007 年购于深圳南方画廊。

著录：《黎雄才山水精品》第 24 页，岭南美术出版社，2006 年。

黎雄才（1910—2001）先生"五十年来写青松，笔端动处松生风"。无论构图、章法还是笔墨的经营，都显得老辣、独到。《观瀑图》乃雄才先生盛年力作。画家此时的笔墨驾驭能力已炉火纯青，只见以焦墨写松树干，松散笔锋蘸取花青加浓墨施松针，皴擦松枝的深谷三棵自下而上的松树雄劲、挺拔。山峰叠起，岩石峭壁形态自然，飞瀑从山谷飞泻而下，观瀑者立于飞瀑流泉对面的观景台上，显动静并存。山谷泉逾响，山深无鸟声。其充分感受到大自然中那种未被开发的野气和寂静，写出了流泉之美、山川竞秀，高超的写实写意技巧体现了"黎家山水"的光彩面目。

144

葆華同志存之
一九七七年七月畫
於北京 劲才

145

黎雄才《春江放筏》

尺寸：70x35（厘米）。

题识：苏烈同志。一九七五年一月，雄才。

钤印：黎、雄才。

来源：广东古今 1999 冬季拍卖会。

著录：《曜湘居藏画》第 53 页，团结出版社，2005 年。

黎雄才（1910—2001）继承岭南画派传统，重视表现空间的透视感，前景的松石具体明晰，后景的山峰朦胧淡远如剪影，最远处的峰峦则与布着灰云的天空融为一体。

本幅山水画，通过对峡江恢宏险峻、放筏工人辛勤劳作的描写，热情讴歌了祖国壮丽河山与对劳动者建设国家的放声高歌。在墨线勾勒岩壁和江边卧石、水流形态的基础上，运用石青、石绿等重彩，反复晕染，构成气势浩大的独特效果。浓墨勾勒的山石，见青绿、赭色填染的色彩，石隙侧耸立着数棵苍劲的松树，夹杂着黛色点染之下的松尖，湍急的江水在陡峭的山崖下流过，远处碧空如洗、青山淡淡，近处工人激流放筏，将山上伐下的木材运到需要的地方。欸乃一声山水绿，一幅典型的黎雄才青绿山水图活现眼前。

黎雄才《轻舟已过万重山》

尺寸：136x67（厘米）。

题识：甲子春日，写于羊城。雄才。晋源仁弟得余此帧，

属为补题。丁卯之夏。雄才再题。

钤印：黎、雄才、雄才。

来源：香港苏富比 2010 春季拍卖会。

著录：《澄怀观道》第 190 页，中华收藏出版社，2015 年。

黎雄才（1910—2001）最大贡献是把北派的青绿着色与南派的勾点皴擦
冶为一炉，而创造出既具北宗之雄峻奇丽，又有南派之温润清雅的画风，从
而独树一帜。本幅画面极具生活的气息，虚实相生，浑然天成。以沉重而又
灵透的大片原始森林为主体，茂密的树林中伐木工人的生活区、宿舍区、工
作区掩映其间。云海的烘染是黎雄才先生的特长，利用衣纹排笔，将云海的
浮动变化活灵活现地显现于画面上。峡谷天险、江水急流、峭壁悬崖、高山
灯塔、逆水行舟、江畔泊舟等画面——重现。背景中的烟云松山连绵起伏、
云雾缭绕，极具空间感。作者以湿笔皴擦代替以往的强劲勾勒，强调画面苍
劲和秀美的融合，刚柔并济、浓淡相宜的艺术效果，涂抹石青、石绿、赭石，
颜色都是混沌的，景物透出一种幽光，弥漫着氤氲的气象，却又浑然一体，气
势磅礴。

148

149

黎雄才《策马探幽图》

尺寸：94x35（厘米）。

题识：云厂同志雅属。雄才。

钤印：雄才急就。

来源：广东古今 1998 春季拍卖会。

著录：《曜湘居藏画》第 52 页，团结出版社，2005 年。

    峭壁峰峦，石上耸立着数棵挺拔苍劲的松树，松树舒展伟岸，逸出峭石之间千姿百态；山谷云水烟雾虚无缥缈、变幻莫测；几匹策骑，沿峭壁逶迤的山路向深处探幽而去，动静并存，相映成趣。浓淡水墨结合，中国画法中的皴、染、点、擦综合运用，浓重的单一水墨用色与雄壮老辣的笔法相辅相成，成就本幅"黎家山水"。一切都是那么的精、气、神俱备，激情满怀、大气淋漓，给观者一股强烈的力量，这就是黎雄才（1910—2001）先生的拿手绝活。

黎雄才《深谷禽声》

尺寸：68x45（厘米）。

题识：炳辉仁兄雅属，一九八三年春写于广州。雄才。

钤印：岭南黎雄才。

来源：广东光德 2013 秋季艺术品拍卖会。

黎雄才（1910—2001）的山水画饮誉海内外，独树一帜，荡气回肠，品位高雅。早年受高剑父影响，后留学日本取法"朦胧体"画风，将传统和日本画法成功糅合，融汇中西，形成既有笔墨又有渲染，同时又能表观景色远近和空气层的个人风格。而他的山水画中之松，老辣雄劲，更得画坛称颂："五十年来写青松，笔端动处松生风。"

《深谷禽声》画于 1983 年，正是黎雄才画道大成，进入创作化境时。只见此幅落墨之际，笔墨恣意。淡淡而寂静的远山，烟云氤氲，松风回荡，虚实隐现的山峦叠嶂，大气磅礴的"黎家松"穿卧画面正中，两只禽鸟自由自在飞翔，整个画面顿显无限生机，层次丰富，意境深幽，气势绝俗，令人不得不叹服黎雄才卓绝的艺术表现力。

瓷鉴

清康熙 青花"观棋烂柯"图纹盘

口径：21.8 厘米。

来源：广东省收藏家协会第七期会员藏品交流会。

著录：《岭南民间藏瓷》第 139 页，羊城晚报出版社，2018 年。

撇口，宽折沿，浅弧腹，阔平底，浅圈足。折沿施酱釉口，折沿面为锦地四开光，内绘人物图纹。腹部绘四组莲荷纹。盘心为王质观弈图人物故事。外壁为两组简笔枝叶。本品最值得欣赏的是主题纹饰王质观弈图，这个故事最早记载于南朝任昉的《述异记》，讲述晋人王质入山伐木，见仙人对弈而旁观之，到要走时"斧柯烂尽，既归，无复时人"。以之引人遐想，或叹时光易逝，或觉万物皆空……具有一定的文化内涵。在画面上，以大量的留白来显示空间的宽广，从而突出居中的人物；以用色的深浅厚薄来展现墨分五彩的效果。人物的头脸轮廓以一笔绘就，轮廓线内轻点口眼；以排线或平涂加绘发须，看似简单的几笔，却使人物生动传神，反映出复杂的心情。主要以铁线描勾勒的衣褶纹使服饰显得飘逸灵动。胎质坚致细滑，釉色光洁润泽。凡此种种，都是康熙朝青花所独有的艺术特色。因此，这是一件颇为开门的康熙青花瓷器。

清康熙　青花湖石牡丹纹折沿盘

口径：38.5厘米。
来源：广东古今 2009 秋季拍卖会。
著录：《中国青花瓷器图鉴》第 39 页，中华收藏出版社，2012 年。

　　撇口，宽折沿，浅弧腹，阔平底，浅圈足。折沿施酱釉口，折沿面依次为锦地纹、花卉纹。腹部为锦地四开光，内绘折枝花卉。盘心为湖石牡丹纹。外壁绘两组花枝。本品修足规整，胎薄型正，青花不晕不散，釉面纯净洁白，俱显康熙朝的品质。而本品笔墨技法的朝代特征更是鲜明，以盘心的主题纹饰为例，轮廓线采用铁线描，轮廓线内辅以渐变色的排线或晕法，相互的配比恰到好处。于是，可见画面上的花苞饱满，花蕾初绽，花朵怒放，枝叶摇曳，显示出生机勃勃的景况。同时，也显示出康熙画功的过人之处。要知道，康熙青花能够独步一朝，其画功是极其重要的原因之一。

159

清康熙　青花吉祥如意龙纹盘

口径：27 厘米。
来源：香港拍得高 2015 年第二十三期拍卖会。

撇口，宽折沿，浅弧腹，阔平底，浅圈足。折沿面是青地白花花卉纹四开光，内绘螭龙。腹部留白，盘心为花卉吉字纹对称图案。外壁绘四组杂宝纹。外底双圈弦纹内是"大明成化年制"楷书款。

本品是康熙时期销向欧洲的外销瓷盘。其一，型制是适合于西餐。其二，纹饰是欧洲风格，尤其是盘心的图案，由外到里，层层递进，疏密有致，主次分明，突出中心。虽然，纹饰所用的是中国元素，但符合洋人的审美情趣。其三，本品的款识和双圈是康熙仿成化的典型写法。

清康熙　青花博古纹葫芦瓶

高：17 厘米。
来源：2017 香港国际古玩展。

　　直口，长斜颈，下部为葫芦形，弧腹，外撇高圈足。型制呈双葫芦状，口沿下依次为锦地纹、四道花卉纹，腹部为花卉开光博古纹，足胫为花卉纹。

　　本品青花发色娇艳翠蓝，分水法着色，胎质致密坚实，可知是出自康熙中后期，从型制及纹饰布局来看，这是外销瓷。而博古纹又是土生土长的中国纹饰，博古纹的"博古"是指各种古代器物，名称出自宋代《宣和博古图》，寓意尚古重礼，高洁清雅。作为纹饰题材，博古纹在宋代就广泛出现在各种工艺品上。从现有资料来看，博古纹用于瓷器装饰是兴于晚明民窑。到康熙时由于皇帝的喜好而入饰官窑，从而更盛行于民窑并引申到外销瓷。显然，外销瓷是具有外贸交易和文化交流的两重性。

163

清康熙　青花三开光冰梅纹罐

高：21.3 厘米；口径：9.9 厘米。

来源：2007 年购于北京古玩城。

著录：《中国青花瓷器图鉴》第 125 页，中华收藏出版社，2012 年。

敛口，溜肩，鼓腹，内凹圈足。可惜缺罐盖。通体绘蓝地留白冰裂纹，留白处绘海棠形三开窗，内绘博古纹。此罐是清早期瓷器典型图案的代表作，开光被广泛应用，在方寸之地绘画出一幅幅精美图案，常作表达"平生三级，步步高升"之寓意。

本罐胎质洁白细润，釉质光亮、冰透，青花发色蓝艳、深沉。在蓝色背景衬托下，开光图案的粉白质地更显得莹润，纹饰更清楚，琴棋书画、几案瓶架，写意形式，不受限制。以一簇簇盛开的梅花图边分隔，使人们无论在哪一个罐面都可以欣赏到一幅完美的图案。以浓料画冰裂纹，再用淡料渲染，勾画白色梅花，与博古纹相结合，使之具有浓厚文人画的气息。这乃康熙朝常见的绘画法。

清雍正　青花松石花卉纹盘（一对）

口径：22 厘米。

来源：广东省收藏家协会第一期会员藏品交流会。

著录：《岭南民间藏瓷》第 144 页，羊城晚报出版社，2018 年。

　　本品为撇口，宽折沿，浅弧腹，阔平底，浅圈足。折沿面弦纹线内绘三组折枝花，腹部为锦地花卉纹，盘心是松树、牡丹、湖石构成的图案，松树代表长寿，牡丹代表富贵，寓意富贵长寿。也有将湖石的"石"谐音喻"世"，寓意世人富贵长寿。总之，都是祈福世人，歌颂太平盛世的含意。本品构图清新疏朗，纹饰线条细而不软，状如游丝。型制较规整，胎薄釉白，是一件品相完美、时代特征颇强的雍正器。

清雍正　青花莲托八宝纹盘（一对）

口径：16 厘米。
来源：广东省收藏家协会第十七期会员藏品交流会。

　　本品为敞口，斜弧腹，平底，圈足。外壁绘三组花卉纹，外底双圈弦纹内是四方双框图形款，这是雍正时期的民窑款。盘内是莲托八宝纹，这个构图颇为独具匠心，盘壁七宝，以缠枝莲紧密连成一体；盘心一宝，以大量留白单独居中。两者之间以三道弦纹分隔，形式上是各有各自的区域，但总体及内容上又是一个整体。这种疏密相宜、主次分明的布局是令人赏心悦目的。本品成型规整，胎坚体薄，细润无瑕。尤其是莹润洁净的白釉，白度很高，足以代表雍正一任而傲视大清一朝。历来一致公认，清代青花最好的白釉是在雍正时期。

清雍正　青花缠枝菊纹罐

高：17.9 厘米；口径：8.1 厘米。

来源：2007 年购于北京古玩城。

著录：《中国青花瓷器图鉴》第 128 页，中华收藏出版社，2012 年。

敛口，口沿至肩刮釉一周露胎，肩部饰几何如意纹，腹部绘缠枝菊纹，近足处绘莲瓣纹一周。内凹圈足，底双圈款。缺罐盖。

胎质坚实匀净，釉面洁白透青，青花蓝艳，发色稳定，以实笔绘画出花、叶、如意、几何纹，构图工整，笔法流畅，繁密而不媚。本罐应是康熙朝末雍正初期之产品，这类罐作为传统造型，广泛地流行于康、雍、乾三朝，并一直沿用至清末民初。

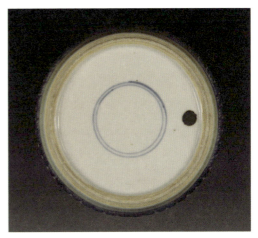

171

清乾隆　青花八宝灵芝纹碗

口径：16.5厘米。
来源：2010年购于北京古玩城。

　　撇口，深腹，圈足。碗外壁三层纹饰纯净鲜亮，工整有序，绘灵芝纹托佛家八宝"轮、螺、伞、盖、花、罐、鱼、肠"。碗内心绘双圈灵芝纹。碗底书"彩润堂制"双圈楷书款，"彩润堂"为当时宫廷用堂号。

　　本品胎质细密，器型色倩，纹饰庄严大方，构图具立体感，是乾隆本朝早期官窑器。

173

清乾隆　青花山水纹八棱盘

口径：24.5 厘米。

来源：广东古今 2008 冬季拍卖会。

著录：《中国青花瓷器图鉴》第 24 页，中华收藏出版社，2012 年。

本品为八棱葵口，弧腹，平底，圈足。内壁两道锦地纹边饰，中间留白。盘心山水纹。细看各组画面，边饰宽阔，内容丰富密集。山水图以建筑物为主，留白较小，画面满布亭台楼阁、山石桥船、树木花卉。虽然密密麻麻，但都清晰有序，可分可辨。在肥厚粉白的釉面下，青花呈色沉稳深浓，不显层次，色调基本不变。凡此种种，统一构成了鲜明的乾隆特色和显露出西洋情调，因而这是一件乾隆时期的外销瓷。

清乾隆　青花通花山水人物纹果盘

口径：28 厘米。

来源：广东省收藏家协会第一期会员藏品交流会。

著录：《岭南民间藏瓷》第 152 页，羊城晚报出版社，2018 年。

本品为敞口，斜弧腹，平底，圈足。酱釉口下依次为锦地纹、镂空通花纹、锦地纹，盘心为山水纹。这是乾隆时期的产物。1. 构图采用焦点透视，一改以往的散点透视，虽无沿袭前朝以深浅浓淡来表现远近高低，但亦有较好的景深效果。2. 亭台楼阁呈界画状。3. 以披麻皴反映山石的层次，并与轮廓线之间保持基本的等距留白。虽然这有前朝遗风，但乾隆朝用笔随意，留白的等距常见参差。4. 盘壁上用镂空装饰，虽然这种方法用于圆器最早已见诸明永乐、宣德时期，但随后历朝历代都未见沿用，直至追发工艺极致的乾隆，才受到青睐。还有诸如圈足的泥鳅背、肥厚匀净的白釉、青花沉稳纯正的呈色等，均可为据。

清乾隆　青花亭台楼阁纹盘（一对）

口径：13.8 厘米。

来源：广东省收藏家协会第一期会员藏品交流会。

著录：《岭南民间藏瓷》第 151 页，羊城晚报出版社，2018 年。

　　本品为敞口，斜弧腹，平底，圈足。酱釉口下依次为锦地纹，锦地纹开光内饰花卉并连接盘心的山水纹。本品白釉肥厚莹润，略见泛青，虽然白度不算很高，却正是乾隆青花的特征。本品修胎厚薄均匀，圈足胎釉线整齐划一，火石红转变为黄色，后人俗称"黄彩衣"，这些都是乾隆时期的工艺特征。而主题纹饰山水图更是典型的乾隆青花风格，只见画面烦琐堆砌，甚为拥挤，甚至挤进了盘壁的锦地纹里，但景物的远近高低是有目共睹的，景物的形象是一目了然的，可谓繁而未乱，过密而未过分。这种风格，正是乾隆帝情有独钟的刻意追求。

179

清乾隆　青花山水纹描金茶壶

高：13 厘米；口径：7.2 厘米。

来源：广东古今 2008 冬季拍卖会。

著录：《中国青花瓷器图鉴》第 165 页，中华收藏出版社，2012 年。

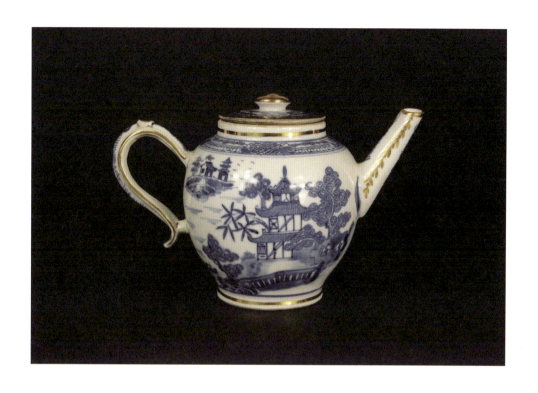

　　壶身造型规整，宝珠形盖钮，盖面平，短颈鼓腹，器身两侧分别制作有流和手柄，圈足。

　　整器以青花绘画纹饰和图案，盖钮用金为饰，盖面饰有青花图案。颈部饰有西方喜用的纹饰。壶身腹部绘有中国风格的琼台楼阁、山景湖色。流以青花绘纹饰，用金水作装饰边。高雅端庄，釉质莹润，青花发色蓝艳，可谓中西合璧。这把壶是清代欧洲贵族来中国定制的外销瓷器。

清道光　青花缠枝莲纹盘

口径：15.7 厘米。
来源：2000 年 7 月得自广州藏家赵先生转让。

敞口，弧腹，圈足。盘内壁上缘描两道青花弦纹，弦间绘窄幅缠枝莲纹。盘内心绘三朵盛放莲花，莲花之间均以钩子样莲叶缠枝相接。盘外壁上下各描一道双弦纹，中间绘缠枝莲纹饰。盘底书"大清道光年制"三行六字篆书款。

本品制作精细，青花发色淡雅，纹饰流畅，品质上乘，是道光本朝官窑瓷器。

清道光　青花缠枝莲纹碗

口径：16.4厘米。
来源：广东古今1997陶瓷珍品拍卖会。

　　敞口，弧腹，圈足，釉底。外壁口沿下绘双弦纹线，腹壁绘缠枝莲纹及
仰莲瓣纹。圈足绘双弦纹线。碗内壁描两道弦纹线，绘碗内心绘缠枝莲纹。
碗底书"大清道光年制"六字篆书款。

　　本品胎质细白坚硬，青花淡雅纯净，发色均匀，纹饰工整，圈足修削齐整，
写款规范，是一件标准的道光本朝官窑瓷器。

清道光　青花龙纹碗

口径：11 厘米。

来源：香港东亚 2015 春季艺术品拍卖会。

敞口，弧腹，圈足，胎骨缜密，釉质纯净。外壁绘双龙赶珠纹，双龙扬须奋爪，追云赶珠，气势不凡，凶猛无比，威武矫健，神采飞扬。纹饰密而不紊，繁而不杂。青花色泽淡雅，清丽而明澈。碗心光素无纹。碗底书"大清道光年制"六字三行篆书款。本品器型工整，做工细腻，修胎精致，绘工流畅，青花色彩深邃，为道光本朝官窑瓷器。

187

清道光　青花赶珠龙纹盘

口径：16.8厘米。
来源：广东省收藏家协会第二十六期藏品交流竞价会。

　　敞口，深腹外鼓，平底，圈足。器型端庄周正，足沿微露胎。盘内外口沿绘青花双弦纹，盘内心绘青花立龙腾空跃起戏珠，身姿矫健，龙身周围环绕火焰纹，布局疏朗有致。外壁绘双龙展躯赶珠，间绘火焰云气纹，图案绘制工整，布局疏密得当。盘底写"大清道光年制"六字篆书款。整器釉面滋润，青花淡雅，胎质细腻致密，青花发色青翠纯蓝，绘画线条流畅，画意生动，颇有气势，为道光官窑之佳作。

清光绪　青花岁寒三友图纹碗

　　口径：13厘米。
　　来源：北京永乐 2012 年秋季拍卖会。

　　碗形圆正，釉质润泽，光洁素雅，青花发色浓翠明净，纹饰清晰明快。
碗心青花双圈内绘变形灵芝如意纹，外壁口沿及足部饰青花双圈，其间以青
花描绘松竹梅岁寒三友图，碗底书"大清光绪年制"双行六字楷书款。
　　松竹梅象征淡雅和高洁，文人对此具有特殊情感，是瓷器装饰中的传
统题材。本品是光绪本朝官窑瓷器。

191

清光绪　青花喜上眉梢图纹碗

口径：14.7 厘米。
来源：2007 年购于北京古玩城。

口微撇，深弧腹，圈足。碗外壁绘一棵柳树，颇有"春风杨柳万千条"的诗情画意，柳枝间有两只啼叫的喜鹊，寓意喜上眉梢。碗外壁下缘绘盛开之月季花，两只小鸟在花丛中飞舞。

本品胎体细腻，釉色洁白，胎釉结合紧密，青花发色艳丽，画工生动活泼。碗底书"大清光绪年制"六字楷书款。其为光绪本朝官窑瓷器。

193

清光绪　青花云鹤八卦纹碗（一对）

口径：13.6厘米。
来源：香港佳士得2018年4月拍卖会。

碗口微撇，深弧腹，圈足。内外壁以青花绘纹饰，碗内口沿下绘锦地边饰，外壁自上而下为：云鹤纹、八卦纹、山石海水纹。图中仙鹤与祥云分隔独立，鹤形振翅而飞，形态生动。仙鹤自古是代表长寿之动物，八卦与道教关系密切，纹饰寓追求仙道，寿山福海，造型规整端正，构图疏朗明快，绘工精致流畅，青花呈色深沉蓝艳，釉面纯净滋润，时代特征明显。碗底书"大清光绪年制"六字双行青花楷书款。其为光绪本朝御窑器。

清光绪　青花云龙赶珠纹碗（一对）

口径：11 厘米。

来源：中古陶（北京）2018 秋季艺术品拍卖会。

　　青花云龙赶珠纹碗是清代御窑传统品类。本碗侈口，深腹，圈足。通体施白釉，以青花为饰。碗内壁光素，外壁绘青花赶珠龙纹，龙身矫健灵动，张口怒目，须发、鳞片绘制一丝不苟。近足处绘海涛纹。底部书"大清光绪年制"双行六字楷书款。形制规整，秀巧精致。青花发色翠蓝纯正，绘工精湛娴熟，典雅流畅，胎釉莹润亮洁，坚致细腻。时代特色鲜明，光绪御窑风姿尽显。成对保存，甚是难得。

清光绪　青花福寿纹盘

口径：15 厘米。
来源：香港华辉 2019 春季拍卖会。

口微展，浅弧腹，圈足。盘内壁青花描绘三棵苍松拔地而起，坚挺而立，枝叶繁茂，虬枝舒展凌空，气势雄健。外壁等距绘四组蝙蝠纹，栩栩如生。苍松翠柏因其遇寒不凋，既为高风亮节的象征，也寓延年益寿。盘内外壁纹饰合一，寓意"福寿双全"。

光绪一朝窑业复兴，御窑所出精良可观，其中青花一项成就辉煌。本盘胎釉细白温润，青花发色浓艳明快，画工生动活泼，器型规整，几近康窑神韵。盘底书"大清光绪年制"青花双行六字楷书款，书体严谨流畅。所绘之三松图为光绪朝之特有，似借用清初画家陈洪绶名作《三松图》。由此可见，光绪御瓷锐意精进，开创新之风。

清光绪　青花云凤纹折腰盘

口径：26.3厘米。

来源：广东省收藏家协会第十六期交流竞价会。

　　盘上沿大敞口，下部浅弧腹，折腰，圈足。盘口沿下及盘心各绘两道弦纹，盘内心正中绘青花双凤纹，辅助云纹呈"壬"字形。外壁绘相似双凤，飞舞追逐，中间以云纹相隔，二凤造型不尽相同：一为卷草纹的凤，一为飘带尾的凰，取"鸾凤和鸣"的吉祥和谐之意。盘底书"大清光绪年制"双行六字楷书款。

　　本品盘型规整，笔触精致，胎质细密洁白，釉面光润，青花色泽纯正，画工细腻精纯，鲜艳明丽。其为光绪本朝官窑瓷器。

清光绪　青花缠枝莲纹盘（一对）

口径：13.8 厘米。
来源：广东省收藏家协会第六期交流竞价会。

盘口外撇，弧壁浅腹，圈足，釉底。盘内壁口沿处及盘心绘缠枝莲纹，外壁亦绘相同的缠枝莲纹图案，线条舒展流畅，笔触灵动。青花发色浓郁青翠，典雅灵秀，蓝白交织的绚丽图案彰显了青花器的独特魅力。巧借青色的莲花为暗喻，希冀臣民为政清廉，意喻深刻。盘底书"大清光绪年制"六字楷书款。其具典型晚清时期官窑瓷器特征。

后 记

　　余生于湘西而长于粤中。向慕古风，秉承大统。20世纪80年代始，尤喜拜谒艺林耆英，礼敬贤达。目击耳闻，渐知鉴赏，博观约取，略具庋藏。蒙尝居粤省藏协主席、粤省政府参事。

　　今举箧笥庋藏之近代已故大家名公墨迹及清代御窑青花瓷器，撰《读画鉴瓷录》。虽尽穷欹劂，然唯恐挂漏之虞。奈为不敢固扃私慰，何辞献诸同好？祈盼与众共赏乐耶。

　　名人字画、皇家御瓷之品鉴，前辈多有建树，开创学说，名篇如云。而"读画鉴瓷"仅为余之管窥独见。私忖非出射利，乃取不阿人意。事涉单纯，然标格互异，八法并陈，览者自有抱取也。

陈少湘谨记

己亥瑞春谷旦